W. Hostmann

Bau und Betrieb der Schmalspurbahnen

und deren volkswirtschaftliche Bedeutung für das deutsche Reich

W. Hostmann

Bau und Betrieb der Schmalspurbahnen
und deren volkswirtschaftliche Bedeutung für das deutsche Reich

ISBN/EAN: 9783743372016

Hergestellt in Europa, USA, Kanada, Australien, Japan

Cover: Foto ©ninafisch / pixelio.de

Manufactured and distributed by brebook publishing software (www.brebook.com)

W. Hostmann

Bau und Betrieb der Schmalspurbahnen

BAU UND BETRIEB

DER

SCHMALSPURBAHNEN

UND

DEREN VOLKSWIRTHSCHAFTLICHE BEDEUTUNG
FÜR DAS DEUTSCHE REICH.

VON

W. HOSTMANN,
GROSSH. SÄCHS. BAURATH, RITTER DES KÖN. SÄCHS. ALBRECHTS-ORDENS.

MIT SIEBEN TAFELN.

WIESBADEN.
VERLAG VON J. F. BERGMANN.
1881.

DEM

KÖNIGLICH SÄCHSISCHEN GEHEIMEN FINANZRATH

HERRN INGENIEUR

C. KÖPCKE

IN DANKBARER VEREHRUNG

GEWIDMET

VOM

VERFASSER.

Vorwort.

Es ist eine eigenthümliche Erscheinung, dass, obgleich der Einfluss, welchen möglichst vielseitig entwickelte Verkehrswege auf den Nationalwohlstand eines Landes ausüben, durch die grossartige Verbreitung der Eisenbahnen wohl am deutlichsten nachgewiesen ist, dass wir in Deutschland, wo doch die Verkehrsverhältnisse der einzelnen Gegenden und Staaten so sehr verschiedenartig sind, fast überall dasselbe Bahnsystem angewandt sehen, welches erst in den letzten Jahren an einigen wenigen Stellen mehr oder weniger geringfügige Modificationen erlitten hat.

Insbesondere sind die Ansichten über den Werth und Nutzen der Schmalspurbahnen, — eines Bahnsystems, welches mit Erfolg in anderen Ländern zu den verschiedensten Zwecken angewandt wird, und welches für unsere deutschen Verhältnisse dazu berufen erscheint, die Verkehrszustände auch der ärmsten Gegenden zu verbessern und das besonders wichtig für den „Kleinverkehr" zu werden verspricht, — sowie darüber, ob die Herstellung derartiger Schmalspurbahnen für die weitere Entwicklung unserer deutschen Verkehrsverhältnisse als zweckmässig erachtet werden könne, noch sehr weit auseinandergehend, und herrschen über die Frage sowohl in den massgebenden Regierungskreisen wie in denen der Fachmänner noch so verschiedene Ansichten, dass man von dem Laien noch weniger eine klare Beurtheilung derselben erwarten kann, trotzdem für unsere wirthschaftlichen Zustände dieselbe eine nicht zu unterschätzende Bedeutung hat.

Von Staatsregierungen sind es bis jetzt nur die Königlich Sächsische und Grossherzoglich Weimar'sche, die sich ganz entschieden für Anwendung der Schmalspurbahnen zu localen Zwecken ausgesprochen haben; von hervorragenden deutschen Eisenbahn-Technikern* besonders Buresch in Oldenburg und Köpcke in Dresden und von Maschinentechnikern besonders Krauss in München, welche seit Jahren dieser Frage ihre besondere Aufmerksamkeit gewidmet haben und energisch in Wort und Schrift für Anwendung der Schmalspurbahnen zu localen Zwecken eingetreten sind.

Krauss hat sich noch das besondere Verdienst erworben, dass er im Jahre 1878 Bau und Betrieb der vom Verfasser projectirten und unter seiner Oberleitung ausgeführten schmalspurigen Feldabahn im Eisenacher Oberlande übernahm und damit bewiesen hat, dass man die Dampfkraft auch unter schwierigen Verhältnissen zur Verbesserung der Transportverhältnisse ganz armer Gegenden (wie die Rhön es ist) verwenden kann, wenn man es nur versteht, das Transportsystem dem vorhandenen Bedürfniss in verständiger Weise anzupassen.

Ein ganz besonderes Verdienst um die Förderung des Baues von Schmalspurbahnen hat sich die Grossherzoglich Sächsische Regierung dadurch erworben, dass dieselbe, trotz der damals ganz allgemein herrschenden Abneigung** gegen die Schmalspurbahnen, auf die Vorschläge, welche der Verfasser ihr im Jahre 1877 bezüglich Herstellung der Feldabahn unterbreitete, einging und auch später bei der Ausführung der Bahn und besonders bei Einrichtung des Betriebes, dem Betriebspächter diejenige Freiheit gewährte, welche durchaus nothwendig ist, wenn derartige kleine Bahnen ihren Zweck auch wirklich erfüllen sollen;

---

* Von fremden Technikern sind es besonders: Thirion in Frankreich, Fairlie in England, v. Nördling in Oesterreich.

** Der Sächsische Landtag in Dresden hatte kurz vorher, nach langer Debatte, trotz der sehr warmen Fürsprache der Regierung, eine Vorlage bezüglich Herstellung einiger Schmalspurbahnen abgelehnt.

insbesondere war es der Grossherzogliche Staatscommissar, Geheime-Regierungs-Rath Dr. Schambach, der sich bei dieser Gelegenheit um die Sache der Schmalspurbahnen ausserordentlich verdient gemacht hat.

Leider haben im Uebrigen bis jetzt die Regierungen, besonders der grösseren deutschen Staaten, noch keine sehr wohlwollende Stellung diesem Bahnsystem gegenüber eingenommen, und spricht sich zur Zeit in gleicher Weise noch die grosse Mehrzahl der Techniker der Hauptbahnen gegen dasselbe aus.

Wenn nun auch naturgemäss sich das Interesse der Regierungen mehr den normalspurigen Bahnen, insbesondere den Hauptbahnen, zuwenden muss, weil diese dem grossen Verkehre und damit der Allgemeinheit dienen, während die Schmalspurbahnen nur localen Interessen dienen können, so dürften doch nach und nach die Regierungen genöthigt werden, auch denjenigen Gegenden ihre Unterstützung zu Theil werden zu lassen, deren wirthschaftliche Lage von Jahr zu Jahr misslicher wird, weil sie vom grossen Verkehr abgeschlossen sind.

Ob diese Unterstützung auch in Gewährung finanzieller Mittel bestehen soll (was seine Bedenken, wegen der dann voraussichtlich massenhaft kommenden Anforderungen, haben dürfte) oder aber nur darin, dass man bei der Concessionirung derartiger Verkehrswege in möglichst liberaler Weise vorgeht und nicht jene hemmenden Bedingungen aufstellt, wie es jetzt noch vielfach geschieht, dagegen die Financirung den betheiligten Interessenten, Gemeinden, Kreisen, Provinzen u. s. w. überlässt und in dieser Hinsicht nur dafür Sorge trägt, dass keine unsoliden Finanzoperationen Platz greifen, das mag dahin gestellt bleiben.

Der Verfasser, der circa 15 Jahre lang bei Bau und Betrieb von Hauptbahnen in Nord- und Süddeutschland thätig war und der während der Ausführung der Feldabahn Gelegenheit hatte, mit einer Anzahl der hervorragendsten Eisenbahn-Techniker über diese Frage Ansichten auszutauschen, hat sich die Förderung des Baues von Schmalspurbahnen zur ganz besonderen Aufgabe gemacht und ist in Folge dessen mit den verschiedenartigsten Projecten beschäftigt; derselbe beabsichtigt mit der vorliegenden Arbeit, aus dem über diese Frage in der technischen Literatur meist in Form von Vorträgen, Flugschriften, Broschüren u. s. w. vorhandenen, reichhaltigen Material das Beste und Wünschenswertheste herauszulesen und, an der Hand seiner eigenen Erfahrungen, kurz und übersichtlich zu einem zusammenhängenden Ganzen zu vereinigen.

Es soll deshalb die vorliegende Arbeit nicht bloss an die Techniker gerichtet sein, sondern vielmehr vorzugsweise dazu dienen, vorhandene Vorurtheile sowie falsche Auffassungen und Ansichten in dieser so wichtigen Frage zu beseitigen und zur Aufklärung, sowie Darlegung der volkswirthschaftlichen Bedeutung der Schmalspurbahnen, insbesondere für die massgebenden Regierungs- und Parlamentskreise beizutragen, ohne dass deshalb die rein technischen Fragen irgendwie vernachlässigt werden sollen.

Ganz besondere Rücksicht soll dabei auf das vom Verfasser bearbeitete Project einer Schmalspurbahn für Personen- und Güterverkehr von Quedlinburg durch den Unterharz nach Nordhausen genommen werden, da gerade für gebirgige Gegenden die Schmalspurbahnen eine besondere Bedeutung erhalten dürften; ist es doch bis heute noch nicht gelungen, eine Bahnlinie durch den Harz zu führen, weil die Bau- und Betriebskosten zu hoch waren, und hat sogar die Königlich Preussische Regierung das anfängliche Project, die wesentlich strategischen Zwecken dienende Linie Berlin-Metz durch den Harz zu führen, wieder fallen gelassen.

Die natürliche Folge davon, dass unsere Gebirge von den grossen Verkehrsadern abgeschnitten sind, ist, das die Industrie und der Wohlstand derartiger Gegenden, trotzdem die Vorbedingungen zu beiden meistens in ausgedehnter Weise vorhanden sind, immer mehr rückwärts gehen, da sie nicht mit anderen Gegenden concurriren können, denen bessere Transportverhältnisse zu Gebote stehen.

Bezüglich der in der vorliegenden Arbeit enthaltenen Abhandlungen maschinentechnischer Natur, ist der Verfasser seinem Freunde und Mitarbeiter Richard Koch* für dessen, auf reiche Kenntnisse und Erfahrungen gestützte, Mitwirkung zu besonderem Danke verpflichtet.

Behandelt werden sollen nur Bahnen mit Dampfbetrieb, während Pferdebahnen u. s. w. nicht mit in den Kreis der Betrachtungen gezogen werden sollen.

Indem der Verfasser bittet, die kleine Arbeit freundlich aufnehmen zu wollen, wird er zugleich für jede Berichtigung, Ergänzung u. s. w. sehr dankbar sein.

Eisenach, im Frühjahr 1881.

Der Verfasser.

---

* Siehe Brosius u. Koch, Die Schule des Locomotivführers. Handbuch für Eisenbahnbeamte und Studirende technischer Anstalten. Gemeinfasslich bearbeitet. Mit einem Vorwort von Edmund Heusinger von Waldegg.

Brosius und Koch, Die Schule für den äusseren Eisenbahnbetrieb. Handbuch für Eisenbahnbeamte u. Studirende technischer Anstalten. In Ergänzung ihrer „Schule des Locomotivführers" gemeinfasslich bearbeitet.

Richard Koch, Das Eisenbahnmaschinenwesen Lehrbuch des Maschinen- und Werkstättendienstes und des technischen Betriebs. Zur Vorbereitung für das Staatsexamen der Maschinen-Bauführer, Maschinen-Meister und Eisenbahnbaumeister. Mit Vorwort von A. v. Karen.

Inhaltsverzeichniss.

Vorwort.

                                                                     Seite.

I. Allgemeines 1
Entwicklung des deutschen Eisenbahnwesens, Hauptbahnen, Schottische Localbahnen, Elsässische Vizinalbahnen, Deutsche Localbahnen, Schmalspurbahnen Ocholt-Westerstede und Broehlthalbahn, Normalspurige Sekundärbahnen, Charakter der deutschen Schmalspurbahnen, Amerikanische, Norwegische, Schwedische und Schweizerische Schmalspurbahnen.

II. Bedenken gegen die Schmalspurbahnen . . 16

III. Vorzüge der Schmalspurbahnen 27

IV. Vorarbeiten und Tracirung 30
Widerstände in den Curven, Unschädliche Steigungen, Verlorenes Gefäll, Massgebende Steigungen.

V. Bau der Schmalspurbahnen und Baukosten . 39

VI. Betrieb, Betriebskosten und Verwaltung . . 47
Allgemeines, Höhe der Betriebskosten, Tarife, Leistungsfähigkeit.

VII. Spurweite der Schmalspurbahnen 55

VIII. Verschiedene Arten der Schmalspurbahnen. 59
In der Ebene (Ocholt - Westerstede) Schmalspurige Strassenbahnen, (Broelthalbahn, Feldabahn) Schmalspurbahnen im Gebirge (Harzbahn, Quedlinburg-Nordhausen, Winkeln-Appenzell, Colorado-Centralbahn), Schmalspurige Industriebahnen (Oberschlesische, Saarbrücker, Mansfelder Bergwerksbahn, Bergwerksbahn von Mondalazac, Commentry-Montluçon, Tavaux-Pontséricourt, Cessous-Trebiaux, Rostoken-Marksdorf, Resica-Sceoul-Bogsan).

	Seite.
IX. Financirung und Rentabilität der Schmalspurbahnen	81
X. Volkswirthschaftliche Bedeutung der Schmalspurbahnen	85
XI. Förderung der Herstellung von Schmalspurbahnen Seitens der Regierungen	87
XII. Schlussbemerkung	92

I. Allgemeines.

Der, seit Herstellung der ersten Eisenbahn, einen immer grösseren Umfang annehmende und in früher nie geahnter Weise wachsende Verkehr war die Veranlassung, dass die Anforderungen an die Leistungsfähigkeit der Eisenbahnen immer bedeutender wurden. —

Dienten die Eisenbahnen in der ersten Zeit ihres Entstehens bei uns mehr dem Personenverkehr und wurde der Güterverkehr damals wenig beachtet, so überwog doch bald der letztere der Art, dass man gezwungen war schwerere Züge zu fahren und die Bahnhofsanlagen zu vergrössern. —

Hatte man sich in der ersten Zeit, in der nur wenige, kurze, nicht zusammenhängende, Linien existirten, mit einer Fahrgeschwindigkeit von 30—40 Kilom. pro Stunde, sowie mit einfachen Waggons und Bahnhofsanlagen begnügt, so erforderten die immer länger werdenden Bahnstrecken einerseits bequemere Einrichtungen der Wagen, weil man längere Zeit in denselben zubringen musste, andrerseits musste die Fahrgeschwindigkeit erhöht werden und dazu gehörten wiederum leistungsfähigere Maschinen. — *Entwicklung des deutschen Eisenbahnwesens.*

Vermied man auch beim Bau der ersten Eisenbahnen starke Steigungen und scharfe Curven und führte deshalb die Bahnen mehr in den Ebenen aus (Steigungen bis 1:200), so stellte sich doch bald das Bedürfniss heraus, die Bahnlinien in gebirgige Gegenden zu führen (Steigungen bis 1:100), sowie schliesslich das Bedürfniss nach dem internationalen Verkehr zur Herstellung der Gebirgsbahnen führte (Steigungen bis 1 : 40).

Diese immer grösser werdenden Anforderungen und zwar insbesondere

1) die grössere Fahrgeschwindigkeit,
2) die Anwendung stärkerer Steigungen und schärferer Curven,
3) das Fahren längerer Güterzüge und die dadurch bedingte Konstruktion leistungsfähigerer, somit auch schwererer Locomotiven

waren die Veranlassung, dass die Bahnbauten, besonders der Oberbau, immer dauerhafter und solider hergestellt werden mussten; nach und nach schlossen ferner die einzelnen Staaten ihre Bahnen an einander, wodurch der grosse internationale Personen- und Güterverkehr ermöglicht wurde, der seinerseits wieder bequemere und solidere Einrichtungen der Betriebsmittel, sowie auf den Stationen ausgedehntere und comfortablere Anlagen erforderte; dies Alles zusammengenommen war die Veranlassung, dass die **Baukosten** der Eisenbahnen immer höher wurden. —

Durch das colossale Zunehmen des Güterverkehrs[*], die Einrichtung der „Verbandsverkehre" sowie der grossen „Durchgangsrouten" wurde der Betriebs- und Verwaltungsapparat immer umfangreicher und wurden hierdurch besonders die **Betriebskosten** der Eisenbahnen immer höhere. —

Verein Deutscher Eisenbahn-Verwaltungen. Die grössere Ausdehnung des deutschen Eisenbahnnetzes und das Bedürfniss nach möglichster Einheitlichkeit führten bekanntlich vor circa 25 Jahren zur Bildung des

---

[*] In welch riesiger Weise sich z. B. der Steinkohlenverkehr auf den preussischen Eisenbahnen entwickelt hat, geht aus folgenden Zahlen hervor, die Engel im „Zeitalter des Dampfes" giebt.

Der Steinkohlenverkehr betrug hiernach

im Jahre 1850 annähernd	1,917,000	Tons	Kilm.
„ 1860 „	134,483,000	„	„
„ 1870 „	1,129,454,000	„	„
„ 1875 „	2,283,360,000	„	„
„ 1877 „	2,350,000,000	„	„

so dass derselbe also in circa 27 Jahren die 1200-fache Grösse angenommen hat. —

„Vereins deutscher Eisenbahn-Verwaltungen" und diesem Vereine ist es zu verdanken, dass in den wichtigsten Principien des deutschen Eisenbahnwesens eine Einheitlichkeit vorhanden ist, wie man sie in keinem anderen Lande findet. —

So segensreich dieser Verein nun auch gewirkt hat, so war doch die natürliche Folge seiner Wirksamkeit, in Verbindung mit dem Einflusse, den die staatlichen Aufsichtsbehörden bei Herstellung der Eisenbahnen ausübten, dass sich gewisse Normen für Bau und Betrieb der deutschen Eisenbahnen mit der Zeit ausbildeten und für die Anlage neuer Linien massgebend wurden. —

Normalien für Hauptbahnen.

Man beging nun, bei der weiteren Entwicklung unserer Verkehrsverhältnisse, den Fehler, diese, an sich und für grosse Bahnen so vorzüglichen, Normen auch auf kleine Nebenbahnen mit ganz geringem Verkehr anzuwenden und in Folge dessen sehen wir im deutschen Eisenbahnwesen eine Uniformität wie in keinem anderen Lande. —

Erst als eine ganze Reihe derartiger Nebenlinien kaum noch ihre Betriebskosten decken konnten (es befindet sich sogar eine, die Saal-Unstrut-Bahn, in Concurs) sah man ein, dass man zu weit gegangen sei, dass das gewählte Transportsystem in sehr vielen Fällen nicht im richtigen Verhältniss zum Bedürfniss stehe und dass es, wenn die Eisenbahnen eine ausgedehntere Anwendung finden sollten, nothwendig sei zu den früheren, einfacheren Verhältnissen zurückzukehren. —

Zuerst zeigten sich diese Bestrebungen in England, wo, in Folge des immer grossartiger werdenden Verkehrs, die Baukosten ihre grösste Höhe erreichten, indem durchschnittlich der Kilometer 400 000 Mark (die Meile eine Million Thaler)[*] kostete. —

Da in England die Herstellung der Eisenbahnen lediglich Sache von Unternehmern ist, so war es nicht möglich in Schottland, wo die Verkehrsverhältnisse geringer, die

---

[*] Schwabe, Ueber Anlage sekundärer Eisenbahnen in Preussen. Berlin, 1865.

Terrainschwierigkeiten zugleich grössere waren, Unternehmer zu finden und man war hier zuerst darauf bedacht billigere Bahnen zu bekommen, indem man stärkere Steigungen und schärfere Curven anwandte, langsamer fuhr (20—30 Kilometer per Stunde) und leichtere Maschinen nahm (15—20 Tonnen Gewicht) und die ganze Verwaltung vereinfachte. —

Schottische Localbahnen. Damit erreichte man denn auch, dass diese schottischen normalspurigen Sekundärbahnen pro Kilometer nur noch 80—100 000 Mark kosteten, so dass dieselben bei Einnahmen von 5000—11000 Mark pro Kilometer jährlich eine Verzinsung von 2% bis 8% des Baukapitals abwerfen. —

Sodann wurden in den Jahren 1864 und 1865 etwa 90 Kilometer **Vicinalbahnen** im **Elsass** erbaut*, welche pro Kilometer 72—100 000 Mark kosteten, während bislang in Frankreich pro Kilometer Eisenbahn 350 000—360 000 Mark verausgabt waren. —

Elsässische Vicinalbahnen. Es erfolgte ferner das französische Gesetz vom Jahre 1865 (Chemins de fer d'intérêt local), durch welches besonders die Beihülfen der Gemeinden und Departements geregelt wurden; diesem Gesetze, welches aber nur geringe Erleichterungen und Unterstützungen gewährte und das deshalb auch seinen Zweck nicht erfüllte und in welchem von Schmalspurbahnen noch gar keine Rede war, folgte dann, da das Bedürfniss nach billigen Bahnen immer grösser wurde, das von Freycinet ausgearbeitete Localbahngesetz vom Jahre 1878, in dem auch die Schmalspurbahnen mit Unterstützungen bedacht wurden. —

Bestrebungen in Deutschland. In **Deutschland** fand die erste grössere Anregung zur Herstellung billigerer Bahnen (der Kilometer kostete in Preussen durchschnittlich 220 000 Mark) in Folge des betreffenden Antrages auf der Versammlung deutscher Architekten und Ingenieure in Hamburg 1868 statt und wies damals bereits Köpcke auf den Werth der Schmal-

Deutsche Arch u. Ing. Versammlung Hamburg 1868. spurbahnen hin, während kurz vorher die Techniker der deutschen Eisenbahn-Verwaltungen auf einer Versammlung in Dresden beschlossen hatten, für die weitere Entwicklung

---

* Schübler, Ueber Eisenbahnen von localem Interesse. Stuttg. 1872.

der Localbahnen gleiche Spurweite mit den Hauptbahnen zu verlangen. —

Nunmehr begannen, unterstützt von lebhaften publicistischen Bestrebungen, langwierige Verhandlungen, als deren erstes Resultat man die im Jahre 1876 erschienenen „Grundzüge für die Gestaltung der Sekundär-Eisenbahnen" betrachten muss, die vom Verein Deutscher Eisenbahn-Verwaltungen herausgegeben wurden. — *Grundzüge für Sekundärbahnen 1876.*

Einige Jahre nachher erfolgte die Veröffentlichung der, Gesetzes Kraft habenden, „Bahnordnung für Deutsche Eisenbahnen von untergeordneter Bedeutung" vom 12. Juni 1878; in den beiden letzten Schriftstücken waren bereits die Schmalspurbahnen und zwar von 0,75 m und von 1 m Spurweite mit vertreten. — *Bahnordnung für Deutsche Eisenbahnen von untergeordneter Bedeutung 12. Juni 1878.*

Inzwischen waren Anfang der 60er Jahre die billigen Oldenburger Staatsbahnen unter Buresch's Leitung entstanden, in Bayern folgten, nach einem im Jahre 1869 erlassenen Gesetze, einige Vicinalbahnen, welche 56—88 000 Mark kosteten, während die billigste Bahn in Baden (Rastatt-Gernsbach) 70 400 Mark und die Vorpommer'sche Bahn nur noch 148 000 Mark kostete. *Deutsche Localbahnen.*

Alle diese Bestrebungen billigere Bahnen zu bauen, besonders in Deutschland, hatten zur Voraussetzung die normale Spurweite, welche auch Seitens der deutschen Regierungen, mit Rücksicht auf die Landesvertheidigung und den Durchgangsverkehr, ganz entschieden bevorzugt, man kann beinahe sagen, verlangt wurde. —

Erst als im Jahre 1876 die kleine Schmalspurbahn von Ocholt nach Westerstede* in Oldenburg in Betrieb kam, wurde die öffentliche Aufmerksamkeit auch bei uns, etwas mehr wie bisher, auf das System der Schmalspurbahnen hingelenkt, da die Bau- sowohl wie Betriebskosten überraschend gering waren gegenüber den Leistungen der Bahn. — *Ocholt-Westerstede 1876.*

Die Anfang der 60er Jahre erbaute schmalspurige Broelthalbahn in der Rheinprovinz war ursprünglich als *Broelthalbahn.*

---

* Buresch, die schmalspurige Eisenbahn von Ocholt nach Westerstede. Ztg. d. Han. Arch. u. Ing. Vereins 1877.

Industriebahn hergestellt und wurde Anfangs auch mit Pferden betrieben; sie wurde der Zeit deshalb wohl nicht so sehr beachtet, wie sie es verdiente, weil damals das Bedürfniss nach billigen Bahnen noch nicht in der Weise erkannt war, wie es jetzt der Fall ist. —

Localbahnen in Thüringen. Die billigsten normalspurigen Sekundärbahnen wurden während der letzten 10 Jahre gebaut und zwar sind dies die Westholsteinischen Bahnen, welche pro Kilometer nur 44000 Mark kosteten; diesen sehr nahe stehen die verschiedenen in Thüringen ausgeführten normalspurigen Sekundärbahnen nämlich Fröttstedt-Friedrichsroda mit 53000 Mark, Crossen-Eisenberg mit 54000 Mark, Wutha-Ruhla mit 48000 Mark, letztere drei ohne Betriebsmittel. —

Feldabahn. Als letztes Glied folgte endlich die schmalspurige Feldabahn, deren Schlussstrecke am 1. Juli 1880 eröffnet wurde und die einschliesslich Grunderwerb und Betriebsmittel auf 28000 Mark pro Kilometer zu stehen kommt. —

Normalspurige Sekundärbahnen. Dass für Deutschland, wo in erster Reihe bei Anlage von Eisenbahnen auf die Landesvertheidigung Rücksicht genommen werden muss, wo ferner ein ausgedehntes Netz normalspuriger Bahnen vorhanden ist, zunächst die Herstellung **normalspuriger Sekundärbahnen** in Frage kommt, liegt auf der Hand und wird es bei einem neuen Projecte stets erst versucht werden müssen eine solche zu ermöglichen. —

So wünschenswerth nun auch die Herstellung normalspuriger Sekundärbahnen ist, so zweifellos ist es aber auch, dass in sehr vielen Fällen entweder der Verkehr nicht die erforderliche Grösse hat resp. voraussichtlich je bekommt, oder aber, dass wohl ein verhältnissmässig guter, auch noch entwickelungsfähiger Verkehr vorhanden ist, dass aber die Terrainschwierigkeiten der Art sind, dass sowohl Bau- wie Betriebskosten einer normalspurigen Bahn in keinem Verhältniss zu dem vorhandenen Bedürfniss stehen würden, oder aber, dass es sich um ganz locale Interessen handelt, welche mit dem grossen Verkehr in gar keinen Beziehungen stehen, wie es z. B. bei der Landwirthschaft, bei industriellen Anlagen u. s. w. vorkommen kann; in allen diesen Fällen dürfte die Herstellung von Schmalspurbahnen am Platze sein. — Die deutschen Schmalspurbahnen sollen also nicht etwa die normalspurigen Bahnen ersetzen oder gar ihnen Concurrenz machen, sondern sie sollen dieselben lediglich ergänzen und werden deshalb im Allgemeinen den Character als Zufuhrwege für die Hauptbahnen haben; allerdings kann es, namentlich in gebirgigen Gegenden, sehr wohl vorkommen, dass eine Schmalspurbahn an ihren beiden Endpunkten an Normalbahnen anschliesst, ja es kann vorkommen, dass eine Schmalspurbahn zeitweise parallel mit einer Normalbahn läuft, aber das sind Ausnahmefälle, denn es liegt im Character der Schmalspurbahnen begründet, dass sie nur dem „Kleinverkehr" dienen, dass sie ausschliesslich eine Verbesserung localer Transportverhältnisse herbeiführen sollen, sich somit ganz an diese anschliessen, nur diesen Rechnung tragen und in keiner Weise irgend welche Rücksichten auf den Durchgangsverkehr nehmen sollen. —

Die Entwickelung unseres deutschen Eisenbahnnetzes hat dahin geführt, dass sich eine ganze Reihe von Verkehrsmittelpunkten gebildet hat, von denen aus sich die Bahnen nach allen Richtungen hin verzweigt haben; es lag also ganz in der Natur der Sache, dass sich auch nach und nach die industrielle Thätigkeit immer mehr und mehr in der Nähe dieser Verkehrsmittelpunkte entwikelte, während sie dort, wo keine Eisenbahnen gebaut wurden, zurückging. —

Hieraus erklärt sich auch die Thatsache, dass die industrielle Thätigkeit fast aller deutschen Gebirge erheblich zurückgegangen ist, so dass theilweise, z. B. auf dem Thüringer Walde, oft geradezu ein Nothstand eintritt; für derartige Gegenden bietet die Herstellung von Schmalspurbahnen das einzige Mittel gründlich Besserung zu schaffen, denn nur diese kleinen Bahnen lassen sich im Gebirge billig und auch wirklich zweckentsprechend herstellen und bis in die engsten Seitenthäler mit verhältnissmässig geringen Kosten hineinführen.

Häufig finden wir aber auch, dass in der Ebene, abseits von grossem Bahnverkehr, schöne, breite Landstrassen vorhanden sind, auf denen sich von und nach den nächstgelegenen grösseren Städten ein lebhafter Verkehr bewegt und für solche Fälle dürfte die **schmalspurige Strassenbahn** am Platze sein; ebenso wird die Schmalspurbahn sehr häufig für landwirthschaftliche und industrielle Zwecke angewandt werden können, man muss nur stets im Auge behalten, dass es sich um keine „Eisenbahnen" handelt, **sondern lediglich um die Verbesserung localer Transportverhältnisse.**

Die Vortheile, welche die an lebhaften Verkehrsadern liegenden grossen Städte vor dem flachen Lande oder dem Gebirge voraus haben, müssen zum Theil wieder dadurch ausgeglichen werden, dass man jetzt, nachdem das Bahnnetz für den grossen Verkehr schon ziemlich ausgebaut ist, auch dem „geringen Verkehr" mehr Rechnung trägt, wie bisher. Da es sich hierbei stets um geringere Verkehrsmassen und um kürzere Linien handeln wird, so muss man auch dem entsprechend ein Transportsystem wählen und das ist die Schmalspurbahn, welche in Folge ihrer Billigkeit, der geringen Fahrgeschwindigkeit und geringen bewegten Lasten weit eher mit dem Landfuhrwerk oder der Pferdebahn wie mit den „Eisenbahnen" verglichen werden kann.

Darin, dass man stets, wenn es sich um die Herstellung von Schmalspurbahnen bei uns handelte, Vergleiche mit fremden Schmalspurbahnen, insbesondere in Amerika, Norwegen und Schweden anstellte, liegt wohl die Hauptursache, dass man bei diesem Vergleich meistens zu, für die Schmalspurbahnen, ungünstigen Resultaten kam*, trotz-

---

* v. Weber, Sekundärbahnen mit normaler und schmaler Spur, Weimar 1873.

dem wir doch auch in Deutschland Beispiele von Schmalspurbahnen haben, die schon recht gute Resultate aufweisen, wie die Broelthalbahn und Ocholt-Westerstede.

Was die amerikanischen Schmalspurbahnen anbelangt*, so können die dort in Frage kommenden Verhältnisse mit den unserigen gar nicht verglichen werden, indem dort sowohl der Zweck ein ganz anderer ist, wie auch diese Schmalspurbahnen in ganz anderer Weise gebaut und betrieben werden.

Bei der grossen Ausdehnung der amerikanischen Schmalspurbahnen (oft bis 1000 Kilm. und mehr Länge) ist es nothwendig, dass eine grössere Fahrgeschwindigkeit angewandt wird (bis zu 60 Kilm. per Stunde) und werden auch die elegantesten Salonswagen in den Zügen gefahren, kurz, die amerikanischen Schmalspurbahnen haben vollständig den Character der Hauptbahnen und werden auch dem entsprechend verwaltet und betrieben. — <small>Schmalspurbahnen in Amerika.</small>

Ganz ähnlich liegen die Verhältnisse in Norwegen und Schweden, wenn auch der locale Character der Bahnen schon mehr hervortritt, insofern die Fahrgeschwindigkeit eine geringere ist (20—30 Kilm. per Stunde) und auch den localen Verhältnissen schon mehr Rechnung getragen wird, besonders bei den Schmalspurbahnen in Schweden, welche meist von den Seestädten ins Innere führen und viel zur Hebung von Handel und Industrie beigetragen haben. — Norwegen und Schweden besitzen im Ganzen etwa 1800 Kilm. Schmalspurbahnen, welche in Norwegen sämmtlich die Spurweite von $1{,}067^m$ haben, während dieselbe in Schweden zwischen $0{,}80^m$ und $1{,}219^m$ variirt. — <small>Schmalspurbahnen in Norwegen und Schweden.</small>

Auch in der Schweiz hat man angefangen Schmalspurbahnen zu bauen und ist eine der interessantesten die von Winkeln über Herisau nach Appenzell, von der später noch die Rede sein wird. — Diese Bahn hat am meisten Aehnlichkeit mit dem Character, den unsere deutschen Schmalspurbahnen annehmen müssen, wenn sie ihren Zweck <small>Schmalspurbahnen in der Schweiz.</small>

---

* Bartels. Sekundärbahnen, insbesondere Schmalspurbahnen in Amerika. Berlin 1878.

erfüllen sollen; sie schliesst sich dem Terrain dadurch an, dass sie Curven bis zu 80^m Radius und Steigungen bis 1:28 hat und auch nur mit 20 Kilm. per Stunde Geschwindigkeit befahren wird. — Ausserdem finden wir die Schmalspurbahn für Personen- und Güterverkehr angewandt in Oesterreich (Lambach-Gmünden, Linz-Budweis), Frankreich, Belgien, Italien. Russland und, von aussereuropäischen Staaten, in Mexico, Indien, Australien, Chili u. s. w.

Die deutschen Schmalspurbahnen, welche lediglich localen Interessen dienen sollen und dem entsprechend auch viel einfacher gebaut, verwaltet und betrieben werden können und müssen, passen, wie schon erwähnt, in keiner Weise in unser grosses normalspuriges Eisenbahnnetz hinein, womit aber nicht ausgeschlossen ist, dass nicht Fälle vorkommen können, in denen eine Schmalspurbahn zwischen zwei Normalbahnen liegt oder sogar streckenweise neben einer Normalbahn herläuft, wie dies durch die folgen Beispiele dargelegt werden soll. —

Im Frühjahr 1880 wurde der Verfasser von Interessenten des Volmethales in Westfalen in die dortige Gegend berufen, um ein Gutachten über das dort in Aussicht genommene Project einer schmalspurigen Strassenbahn abzugeben. —

Die Verhältnisse liegen dort folgendermassen. —

Verse-Volme-Strassen-bahn.
Wie aus der Uebersichtskarte (Tafel V) ersichtlich, führt eine Zweigbahn der Berg-Märk.-Bahn, die Volmethalbahn, von Hagen nach Brügge und Lüdenscheid, während ein anderer Zweig, die Ruhr-Sieg-Bahn, von Hagen über Altena-Werdohl nach Siegen führt. —

Das Volmethal von Brügge bis Meinertshagen, sowie das Versethal von Werdohl nach Lüdenscheid besitzen keine Bahnen, trotzdem beide Thäler eine sehr lebhafte Industrie haben resp. gehabt haben. Die Ursache, weshalb hier keine Bahnen vorhanden sind, dürfte darin zu suchen sein, dass der Bau normalspuriger Bahnen in diesen engen Thälern, besonders im Versethale von Werdohl nach Lüdenscheid hinauf, unverhältnissmässig hohe Bau- und Betriebskosten verursachen würde, unverhältnissmässig deshalb, weil man niemals, wegen der ungünstigen Steigungsverhältnisse, einen Durchgangsverkehr hierher leiten würde, somit die Bahn einen rein localen Character hat und für eine normalspurige Bahn der Verkehr doch nicht gross genug ist.

So kommt es denn, dass die Eisen-Industriellen im Volmetbal ihr Eisen aus dem Siegener Lande über Werdohl-Altena-Hagen-Brügge beziehen und umgekehrt ihre Fabrikate, welche meistens nach dem Süden gehen, auf demselben Wege fortschicken müssen. – Die Strecke Werdohl-Hagen-Brügge ist nun lang = 63,20 Kilm. – und dagegen die Strecke Werdohl-Lüdenscheid-Brügge der projectirten Schmalspurbahn = 22 Kilometer, so dass es nicht Wunder nehmen kann, wenn dieser Gegend die Concurrenz mit anderen Gegenden, welche günstigere Transportverhältnisse haben, schwer wird und ihre Industrie sich nicht weiter entwickelt, trotzdem ihr die schönsten Wasserkräfte und billige Löhne zur Verfügung stehen. – Der Verfasser konnte deshalb das Project einer Schmalspurbahn, nach reiflicher Prüfung, nur in jeder Weise empfehlen, trotzdem die projectirte Linie an beiden Enden, in Brügge und Werdohl, an Hauptbahnen anschliesst und trotzdem auf der Strecke Lüdenscheid-Brügge bereits eine Normalbahn sich im Betriebe befindet. –

Aber auch noch andere Gründe können massgebend dafür werden, dass eine Schmalspurbahn neben einer Normalbahn liegen kann, wie z. B. folgender Fall darthun möge. –

Auf der Strecke Brügge-Schalksmühle der Berg.-Märk.-Bahn von Brügge nach Hagen liegt die Bahn meistens auf Dämmen oder in Einschnitten von mehreren Metern Höhe resp. Tiefe, während die auf dieser Strecke ziemlich viel vorhandenen, industriellen Etablissements an der Strasse und am Wasser liegen, wo sie ihre An- und Zufuhr, sowie ihre Wasserkräfte haben. –

Ein directes Verladen am Etablissement ist also nicht möglich und es erwachsen den Fabrikanten deshalb noch ziemliche bedeutende Ausgaben für Anfuhr der Rohstoffe und Brennmaterialien, sowie für Abfuhr von Fabrikaten; da es sich hier meistens um Eisenwaaren handelt, so kommen ziemlich bedeutende Gewichte in Frage. —

Dem Verfasser ist es deshalb gar nicht zweifelhaft, dass, wenn erst die Schmalspurbahn Meinertshagen-Brügge-Lüdenscheid-Werdohl sich im Betriebe befindet, dann auch sehr bald die Strecke Brügge-Schalksmühle und event. bis Dahlerbrück folgen wird, selbst wenn die Güter erst bis Brügge auf der Normalbahn gefahren werden müssen und von dort ab rückwärts auf der Strassenbahn; es wird dies immer noch billiger sein als der jetzige Transport per Achse. —

Ein weiteres Beispiel anderer Art dafür, dass eine Schmalspurbahn sehr wohl zwischen 2 Normalbahnen liegen kann, ist folgendes. —

Harzbahn Quedlinburg-Nordhausen.

Bekanntlich ist es, trotz der verschiedensten Versuche, noch nicht gelungen eine Bahnverbindung durch den Harz herzustellen und sehen wir immer nur von den grossen Bahnen, die am Fusse des Harzes liegen, Ausläufer bis hart an das Gebirge heran gehen, während das eigentliche Gebirge mit seinen vielen Producten, seinen Wasserkräften, Waldungen u. s. w. gänzlich vom grossen Verkehr abgeschnitten ist und demzufolge die Industrie und der Wohlstand sich nicht weiter entwikelt, sondern immer mehr zurückgeht. —

Im Sommer vorigen Jahres wurde der Verfasser von Interessenten der Gegend, welche das Project einer Schmalspurbahn, in diesem Falle meistens ohne Benutzung vorhandener Strassen, aufgestellt hatten, dorthin berufen, um seine Ansicht über die Möglichkeit einer derartigen Bahn auszusprechen und konnte derselbe, nach längerer Prüfung der Verhältnisse, seine Meinung dahin abgeben, dass, trotz der sehr schwierigen Terrainverhältnisse, die Anlage einer Schmalspurbahn mit Erfolg für die Gegend möglich sei, während die Herstellung einer normalspurigen Bahn, ganz abgesehen davon, dass sie für die Gegend nicht vom gleichen Nutzen ist wie eine Schmalspurbahn, schwerlich ausführbar sein würde. —

Die in Aussicht genommene Bahn von Quedlinburg nach Nordhausen über Mägdesprung - Alexisbad - Stolberg (siehe Tafel I) schliesst in Quedlinburg an die Zweigbahn Wegeleben-Thale der Magdeburg-Halberstädter-Bahn und in Nordhausen an die Halle - Cassler - Bahn an und liegt somit zwischen zwei Hauptbahnen; trotzdem hat die Bahn den ausgesprochenen Charakter der Localbahn, da sie nur zur Vermittlung des localen Verkehrs dienen soll und es wohl Niemanden einfallen würde den „Durchgangsverkehr" durch das Gebirge zu führen, wo am Fusse desselben bequemere und ausreichende Hauptbahnen vorhanden sind; die Bahn soll lediglich dazu dienen die Transportverhältnisse zwischen Nordhausen-Quedlinburg von und nach dem Gebirge, welche zum Theil sehr mangelhaft sind, zu verbessern und dazu genügt eine Schmalspurbahn in jeder Weise. —

Ein weiteres Beispiel ist das folgende, das ebenfalls vom Verfasser bearbeitet worden ist. —

Die Bewohner des Herzogthums Coburg haben mit der Residenzstadt Coburg selbst, welche für die ganze dortige Gegend den Centralpunkt für Handel und Verkehr bildet, eine sehr mangelhafte Verbindung, da die das Herzogthum durchschneidende Werrabahn ausser der Stadt Coburg nur noch eine Station an der Bayerischen Grenze, die Station Eberdorf, hat, während im Uebrigen die Bewohner, mit Ausnahme der an der Zweigbahn Coburg-Sonneberg wohnenden, von der Werrabahn wenig Nutzen haben. — <small>Rossach Coburg-Rossfeld.</small>

Es wurde nun von dortigen Interessenten die Idee der Herstellung einer schmalspurigen Strassenbahn, welche das Herzogthum von der Bayerischen zur Meiningischen Grenze, von Rossach über Coburg nach Rossfeld, quer durchzieht, aufgestellt (siehe Tafel VI); der Verfasser hat dasselbe bearbeitet und nachgewiesen, dass dasselbe, trotz des geringen Verkehres, durchaus lebensfähig sei und zwar mit grossem Nutzen für die Gegend, da die Transportkosten für Güter schon von vornherein nur etwa $1/2$ soviel betragen würden wie per Achse, und im Personenverkehr noch weniger. —

Da in der Gegend irgend bedeutende Industriezweige nicht vertreten sind, vielmehr im Wesentlichen nur Landwirthschaft und Viehzucht getrieben wird, so wird diese Bahn ein vorzügliches Beispiel dafür werden, dass eine Schmalspurbahn, mit grossem Nutzen für eine Gegend, auch dort angewandt werden kann, wo es sich darum handelt den gewöhnlichen ländlichen Verkehr einer dicht bevölkerten Gegend mit der nächstliegenden grösseren Stadt zu vermitteln. —

Der Verfasser wäre in der Lage noch eine ganze Reihe von Beispielen anzuführen, wo es möglich ist eine Schmalspurbahn, mit grossem Nutzen für die Gegend, auszuführen, während es geradezu fehlerhaft sein würde eine normalspurige Bahn, sofern deren Anlage überhaupt möglich ist, herzustellen, da der theuere Apparat in gar keinem Verhältniss zu dem geringen Verkehr stehen würde; aus den vorstehenden Beispielen dürfte aber schon zur Genüge hervorgehen, wie verschiedenartig die Veranlassungen zur Herstellung von Schmalspurbahnen sein können, wie auch ferner daraus folgt, dass sich diese kleinen Bahnen ganz und gar nach der Art des Verkehrs richten und folglich unter einander wieder verschieden sein müssen. —

Die eine liegt in der Ebene auf einer schönen, breiten Landstrasse und dient wesentlich dem Personenverkehr, weshalb man, hierauf Rücksicht nehmend, entsprechend bequeme Personenwagen herstellen muss, eine andere liegt im Gebirge und soll Holz- und Steintransporte, aber auch Personenverkehr besorgen, wieder eine andere hat es nur mit Güterverkehr zu thun und soll für ein industrielles Unternehmen die Massentransporte besorgen, wobei meistens starke Steigungen und scharfe Curven in Frage kommen, kurz, es kommen die verschiedenartigsten Fälle vor und jeder verlangt bei seiner Anlage eine besondere Rücksichtsnahme auf den Verkehr. —

Es würde deshalb nicht zweckmässig sein, wenn man für die Schmalspurbahnen, ähnlich wie bei den grossen Bahnen, gewisse Normen aufstellen wollte, im Gegentheil ist es dringend wünschenswerth, dass Seitens der staatlichen Behörden alle derartigen Vorschriften, soweit wie immer möglich, vermieden werden, damit sich die Schmalspurbahnen ganz für sich nach ihrer Eigenart entwickeln können und ist es besonders wünschenswerth, dass man sie sowohl beim Bau wie beim Betriebe möglichst in keine näheren Beziehungen zu den Normalbahnen bringt, damit nicht auch hier jene schwerfällige Verwaltung Platz greift, die wir bei unseren grossen Bahnen gewohnt sind. —

Bei den Schmalpurbahnen ist es dringend wünschenswerth, dass man alles nicht geradezu Nothwendige, sowohl beim Bau wie beim Betriebe, vermeidet und dass deshalb die staatlicher Seits zu erlassenden allgemeinen Bestimmungen auf das geringste Maass beschränkt bleiben, im Uebrigen aber von Fall zu Fall verhandelt wird. —

Erst, wenn die im Vorstehenden kurz angedeuteten Grundsätze auch Seitens der staatlichen Behörden Beachtung finden, wird dies Bahnsystem zur richtigen Geltung kommen und segensreich für viele von den grossen Verkehrsadern entfernt liegende Gegenden werden können; es dürfte dann aber auch von einer Bedeutung für die weitere Entwickelung unserer Verkehrsverhältnisse werden, die man deshalb jetzt noch so sehr unterschätzt, weil man meistens von falschen Voraussetzungen ausgeht, wenn es sich um die Anlage von Schmalspurbahnen handelt. —

II. Bedenken gegen die Schmalspurbahnen.

Lässt sich nach dem im vorigen Kapitel Gesagten nicht verkennen, dass es Fälle genug giebt, in denen die Herstellung von Schmalspurbahnen am Platze, ja, in Anbetracht unserer wirthschaftlichen Verhältnisse in Deutschland, geradezu wünschenswerth ist und werden auch die entschiedensten Gegner nicht umhin können dies anzuerkennen, so dürfte es doch nothwendig erscheinen all die vielen Bedenken gegen die Schmalspurbahnen einmal ganz ausführlich zu erörtern und zu untersuchen wie weit diese angeblichen Bedenken* in der That berechtigt sind. —

---

* Welch wunderbare Argumente gegen die Herstellung der Schmalspurbahnen angeführt worden und in welcher Art und Weise, sogar in politischen Blättern, gegen das Bahnsystem geschrieben wird, dafür mögen folgende Beispiele zeugen. —

Ein Schweizer Ingenieur, Lutz, führt in einer kürzlich erschienenen Broschüre: „Lutz, Transversalbahnen, Zürich 1880", die allerdings sehr bedauerliche Thatsache an, dass auf einer Schweizerischen Schmalspurbahn die Wagen so leicht seien, dass kürzlich ein wüthend gewordener Ochse mit sammt dem Wagen umgefallen sei, woraus leicht ein grosses Unglück hätte entstehen können. —

Ein Ingenieur in Hannover, Herr Jacobsen, lieferte im Hannoverschen Courier vom 28. Februar 1880, unter Anderem, folgende Sätze.

„Die Ansicht, dass durch die schmale Spur sich auch die Betriebskosten vermindern werden, ist daher eine ganz und gar irrige." —

Derselbe argumentirt ferner, dass, bei gleichen Stabilitätsverhältnissen, die kleineren Räder der Schmalspurbahnen einen grösseren Widerstand hervorriefen der sich bei 1 m Spur wie 4:3 verhielt; es heisst dann ferner in jenem Artikel:

„Da 50—60% der gesammten Betriebskosten eine Function des Widerstandes oder der sog. virtuellen Länge einer Bahn ist und die virtuelle Länge der Schmalspurbahnen immer bedeutend grösser sein wird, so geht daraus hervor, dass die Betriebskosten dieser Bahnen erheblich grösser sein werden. — Nur wenige Schmalspurbahnen sind bis jetzt in Deutschland gebaut worden, dass aber diese weder aus den günstigen Erfahrungen, welche man anderswo mit Schmalspurbahnen gemacht hat, noch aus der technischen Wissenschaft hervorgegangen sind, sondern ihre Entstehung irrigen An-

Wie schon erwähnt, entspringt ein grosser Theil aller Bedenken der irrigen Auffassung, als ob die Schmalspurbahnen die normalspurigen ersetzen sollten, während sie doch ganz allein dazu berufen sind dort, wo entweder die geringfügigen Verkehrsmassen, oder besondere Terrainschwierigkeiten, oder locale Verhältnisse die Herstellung einer normalspurigen Bahn nicht als zweckmässig erscheinen lassen, resp. geradezu unmöglich machen, eine Verbesserung der localen Transportverhältnisse herbeizuführen. —

Die Behauptung vieler Techniker, dass die kleineren Räder der Schmalspurbahnen der Fortbewegung einen grösseren Widerstand entgegensetzen wie die grösseren Räder der normalspurigen Bahnen und dass dadurch die Betriebskosten der Schmalspurbahnen erhöht werden, ist um so bedenklicher, weil der Laie sie nicht beurtheilen kann und sie ihm deshalb um so plausibler erscheint. —

Angebliches Bedenken, dass die Wagen der Schmalspurbahnen der Fortbewegung mehr Widerstand entgegensetzen wie die der Normalbahnen. —

Bei näherer Untersuchung dieses Bedenkens ergiebt sich nun das folgende Resultat. —

Nach der für geringe Geschwindigkeiten zur Berechnung des Eigenwiderstandes der Wagen für Normalbahnen in gerader und horizontaler Strecke angewandten Formel

$$W = (1{,}65 + 0{,}05 \cdot v)\, Q,$$

in welcher

Q das Gewicht des Wagens in Tonnen,

---

sichten, die auf nichts begründet sind, zu verdanken haben, unterliegt keinem Zweifel, denn Sätze, welche Techniker in ihren Brochüren zu Gunsten der Schmalspurbahnen aufgestellt haben, beweisen das zur Genüge.

Stellt man an beide Spurweiten dieselben Ansprüche, so wird man finden, dass die Normalspur in den meisten Fällen unbedingt gewählt werden muss.

Es giebt schon Länder, die unter der Leichtsinnigkeit ihrer Techniker schwer zu leiden haben."

(In der That eine recht hübsche Leistung in einer politischen Zeitung.)

v die Geschwindigkeit in Kilometern,
W die zur Fortbewegung erforderliche Kraft in Kilogrammen bedeutet. ergiebt sich W per Tonne Wagengewicht (mit Ladung), bei einer Geschwindigkeit von v = 20 Kilm. zu 2,65 Kilgr. —
Das erste Glied dieser Formel repräsentirt hauptsächlich den durch die Zapfenreibung der Achsen in den Lagern und den durch die rollende Reibung des Rades auf den Schienen hervorgerufenen Widerstand; von diesen beiden Widerständen beträgt der durch Zapfenreibung bedingte etwa 1 Kilgr. und absorbirt die rollende Reibung den Rest von 0,65 Kilgr. —

Bei einem Raddurchmesser von 0,75 Meter und einem Schenkeldurchmesser von 0,07 Meter für die Wagen der Schmalspurbahn* ermässigt sich die Zapfenreibung auf 0,933 Kilgr. per Tonne Wagengewicht und erhöht sich die rollende Reibung auf 0,732 Kilgr. —

Es betragen also beide Widerstände zusammen = 1,665 Kilgr. gegen 1,65 Kilgr. bei der normalspurigen Bahn und erhöht sich also der Gesammtwiderstand per Tonne Wagengewicht in horizontaler und gerader Strecke auf 2,665 gegen 2,65, also um 0,57 Prozent. —

Um zu erkennen, in wieweit diese Vermehrung des Wagenwiderstandes auf die Normirung der Zugstärken von Einfluss ist, sind die betreffenden Widerstände in den ungünstigsten Steigungen (hier z. B. 1 : 30) zu vergleichen. —

Diese Steigung vermehrt den Zugwiderstand gleichmässig für beide Art Wagen und zwar um 33,33 Kilgr. per Tonne Wagengewicht; die Widerstände stellen sich also in den Maximalsteigungen per Tonne Wagengewicht auf 35,95 für den normalspurigen Wagen und auf 35,965 für den schmalspurigen Wagen; die Erhöhung der Zugkraft bei der Schmalspurbahn mit noch nicht 0,02 Prozent ist demnach so geringfügig, dass sie auf die Normirung

---

* Wagen der Feldabahn.

der Zugstärken ohne Einfluss bleibt, d. h. also, **dass dies Bedenken gänzlich unberechtigt ist.** —

Werden aber bei diesen Betrachtungen, wie das in der Natur der Sache liegt, auch die **Widerstände in den Curven** berücksichtigt, so ändert sich das Verhältniss sofort zu Gunsten der schmalen Spur, indem hier, unter Benutzung der Formel von Redtenbacher, die Curvenwiderstände im Verhältniss der Spurweiten plus den Achsständen abnehmen. —

Selbst wenn die Verminderung der Achsstände mit den Spurweiten proportional gesetzt wird — in Wirklichkeit darf sie wegen der geringen Geschwindigkeiten weit erheblicher ausfallen —, ermässigen sich die Widerstände in gleichen Curven für Schmalspurbahnen von 1 m Spurweite und normalspurigen Bahnen im Verhältniss von 1,435 : 1 oder um reichlich 30 % oder um

0,42 Kilgr. per Tonne Wagengewicht bei 500 m Radius
0,67 „   „   „   „   „   400 m   „
1,10 „   „   „   „   „   300 m   „
1,95 „   „   „   „   „   200 m   „
2,80 „   „   „   „   „   150 m   „

Für noch schärfere Curven würde das Verhältniss für Schmalspurbahnen immer noch günstiger werden und ebenso für die Spurweite von 0,75 m. —

Da es sich nun bei Anlage von Schmalspurbahnen meistens um die Anwendung vieler und scharfer Curven, besonders im gebirgigen Terrain, handeln wird, so folgt aus diesen Betrachtungen, dass die kleineren Räder der Schmalspurbahnen wohl in den Geraden eine geringfügige Vermehrung der Zugkraft hervorrufen, dass dieses aber auch durch die geringere Zugkraft in den Curven reichlich wieder aufgewogen wird, so dass thatsächlich die Schmalspurbahnen die Betriebskosten nicht erhöhen, sondern dass **für Bahnen mit vielen und scharfen Curven die schmale Spurweite geradezu wünschenswerth ist.** —

Hiermit zusammenhängend ist die vielfach aufgestellte Ansicht, dass die Fahrzeuge der Schmalspurbahnen wegen der geringen Radbasis grösseren Schwankungen ausgesetzt seien und demzufolge die Radbelastungen mehr beeinflusst würden, wie bei normalspurigen Bahnen. —

Dies Bedenken widerlegt sich dadurch, dass einmal der Schwerpunkt der Wagen der Schmalspurbahnen, wegen der niedrigen Räder, tiefer liegt wie bei den normalspurigen Wagen, sodann, dass bei Schmalspurbahnen, wie sie hier in's Auge gefasst sind, stets nur Geschwindigkeiten von in maximo 20 Kilm. per Stunde vorkommen und dass bei dieser Geschwindigkeit die Schwankungen an sich schon sehr unbedeutend sind. —

Ein ferneres Bedenken, das man besonders von Laien viel hört, ist, dass auf Schmalspurbahnen keine Transporte von Langholz möglich wären. —

Zur Widerlegung dieses Bedenkens möge die Thatsache dienen, dass auf der Feldabahn, wo Curven bis zu 80 m Rad. (thatsächlich 60 m) vorkommen, fortwährend Langholztransporte stattfinden. —

Das nachstehende Beispiel dürfte auch Beweis dafür sein, wie wenig gerechtfertigt diese Bedenken sind. —

In der Nähe der Station Lengsfeld der Feldabahn befindet sich eine eiserne Brücke über die Felda von 27,5 m Lichtweite; es kamen die unteren und oberen Gurtungen der Träger nun fertig montirt in Salzungen an und mussten auf der bereits im Betriebe befindlichen Strecke Salzungen-Lengsfeld transportirt werden, was auch auf drei offenen Güterwagen ganz anstandslos bewerkstelligt wurde, trotzdem gerade auf der Strecke Dorndorf-Lengsfeld der Feldabahn die meisten und schärfsten Curven vorkommen. —

Bei Langholztransporten, die doch im Allgemeinen nicht täglich vorkommen, wird in den scharfen Curven sehr vorsichtig gefahren, was ja aber an und für sich schon geschieht; wenn aber bei einer Schmalspurbahn auf Langholztransporte besondere Rücksicht zu nehmen ist, so wird man für diesen Zweck besondere Wagen bauen, wie es bei den Normalbahnen auch geschieht. —

Ein weiteres Bedenken gegen die Schmalspurbahnen ist, dass sie eine geringere Leistungsfähigkeit haben wie die Normalbahnen und dass, weil die Wagen anderer Bahnen nicht mit verwandt werden können, für Schmalspurbahnen ein grösserer Wagenpark erforderlich sei, wie für normalspurige Bahnen. — *Angeblich grösserer Wagenpark erforderlich.*

Auch dieses Bedenken dürfte mehr als hinfällig sein, denn einmal können die Wagen der Schmalspurbahnen, weil sie nicht auf andere Bahnen übergehen, weit besser ausgenutzt werden wie die Wagen der Normalbahnen*, welche oft 8—14 Tage fort sind, sodann muss man stets beachten, dass man es nur mit geringen Verkehrsmassen und geringen Längen zu thun hat und endlich lässt sich zu Zeiten besonders starken Verkehrs durch Einlegung von Extrazügen, sowie durch rasches Entladen meistens Hülfe schaffen. —

Ferner wird oft die Ansicht vertreten, man könne die Wagen der normalspurigen Bahnen ebenfalls leichter bauen, sie seien dann stabiler wie die schmalspurigen und es könne dann auch der Oberbau leichter ausgeführt werden und auf diese Weise sei wenigstens die Möglichkeit des Wagenüberganges gewahrt. —

---

* Die Personen- und Güterwagen der Hauptbahnen durchfahren durchschnittlich höchstens pro Jahr 48000 resp. 15000 Kilm. — Die Besetzung der Sitzplätze erfolgt dabei mit kaum 25% und die Ausnutzung der Güterwagen mit 40%.

Die Wagen der Localbahnen erzielen, unter der Voraussetzung, dass sie voll besetzt, resp. voll beladen sind, die gleichen Leistungen, wenn sie durchschnittlich — per Jahr 12000 resp. 6000 Kilm. durchlaufen; dazu aber sind, bei einer mittleren Geschwindigkeit von 15 Kilm. pro Stunde, nur 800 resp. 400 Stunden erforderlich, so dass also die Personenwagen täglich 2,2 und die Güterwagen 1,1 Stunden zu fahren haben, um die gleichen Leistungen zu erzielen. —

Angebliche Möglichkeit normalspurige Wagen auch leichter bauen zu können.

Das ist gewiss ausführbar, aber es wird damit Nichts erreicht, denn entweder, wenn die Bahn scharfe Curven unter 200 m Radius hat, müssen Wagen mit kleinem Radstand gebaut werden, welche wieder nicht in die schneller fahrenden Züge der Normalbahnen eingestellt werden dürfen, so dass also der Zweck — das Umladen zu vermeiden — nicht erreicht wird, oder aber, man darf der Bahn keine scharfen Curven geben und dann fällt wieder einer der Hauptvortheile der Schmalspurbahnen weg.

Wenn man also auch natürlich normalspurige Wagen leichter bauen kann, wie die jetzt auf den Hauptbahnen laufenden, so hat dies doch gar keinen Zweck, da dieselben, weil sie nicht nach den „Constructions-Normen für Hauptbahnen" hergestellt sind, auf diese auch nicht übergehen dürfen. —

Sehr häufig führt man auch gegen die Schmalspurbahnen die schlechten Erfahrungen an, welche man in Norwegen und Schweden mit diesem Bahnsystem gemacht hat*.

Mag auch die Thatsache an sich richtig sein, so ist damit nur bewiesen, dass man in Norwegen und Schweden die Schmalspurbahnen zum Theil (denn einzelne sind sehr zweckmässig angelegt) am falschen Platze hergestellt hat, ebenso wie wir in Deutschland genug Fälle haben, wo die Anlage normalspuriger Bahnen ein Fehler war.

Schlechte Erfahrungen in Norwegen und Schweden.

Man könnte den schlechten Erfahrungen in Norwegen und Schweden sehr einfach die guten Erfahrungen in Amerika und anderen Ländern gegenüberstellen, jedoch, wie schon früher erwähnt, lassen sich die norwegischen und schwedischen Schmalspurbahnen mit den deutschen gar nicht vergleichen, da erstere durchaus den Character von Hauptbahnen haben, was auch daraus hervorgeht, dass die stärksten Steigungen 1:37,5 sind und die schärfsten Curven nur einen Radius von 188 m haben, so dass also von dem Hauptvortheil der Schmalspurbahnen, der An-

---

* Jacobsen, Vortrag im Architecten- und Ingenieur-Verein zu Hannover, Jahrgang 1879, Heft 1.

wendbarkeit starker Steigungen und kleiner Curvenradien, fast gar kein Gebrauch gemacht ist.

Diese Vergleiche sind also in keiner Weise stichhaltig, weil die deutschen Schmalspurbahnen einen ganz anderen Zweck und Character haben, wie die norwegischen und schwedischen. —

Ferner hört man oft als Bedenken gegen die Schmalspurbahnen anführen, dass auf denselben kein Viehtransport möglich sei.

Dass thatsächlich sowohl auf der Broelthalbahn, wie Ocholt-Westerstede, wie auf der Feldabahn regelmässig Vieh transportirt wird, ist wohl der beste Beweis für die Hinfälligkeit dieses Bedenkens; das Vieh wird einfach lang gestellt, anstatt quer, wie es bei Normalbahnen geschieht; bedenken muss man dabei stets, dass es sich weder um grosse regelmässige Viehsendungen handelt, noch um grosse Bahnlängen. — *Angeblich kein Viehtransport möglich.*

Ein ferneres, besonders von Wegenbau-Technikern, hervorgehobenes Bedenken ist, dass die Strassen durch Anlage von Schmalspurbahnen mindestens verschlechtert würden.

Auch dieses Bedenken ist nicht stichhaltig, denn einmal wird durch die Anlage einer Bahn der Fuhrwerksverkehr der Strasse auf ein Minimum herabgedrückt, weil eigentlich nur der für die Bewirthschaftung der anliegenden Felder nöthige Wagenverkehr noch bleibt; es werden also die Unterhaltungskosten der Strasse jedenfalls geringere, sodann braucht die Strasse gar nicht durch Anlage einer Bahn zu leiden, wenn man ein entsprechendes Oberbau-System wählt. *Angebliche Verschlechterung der Strassen durch Bahnanlagen.*

Für derartige Strassenbahnen, bei denen der zur Herstellung der Bahn benützte Theil der Strasse noch für den Wagenverkehr mit frei gehalten werden muss, also für schmale Strassen, dürfte sich die mit dem Kopfe im Niveau der Strasse liegende Hartwichschiene empfehlen, wie sie auf der Feldabahn zur Anwendung gekommen ist, da bei diesem Oberbau-Systeme, das sich bis jetzt auf der Feldabahn vorzüglich bewährt hat, das Unterstopfen der Schienen

(Schwellen sind gar nicht vorhanden) nach und nach fast ganz fortfällt, somit die Strasse gar nicht in Mitleidenschaft gezogen wird.*

Zu diesen mehr oder minder unerheblichen, resp. gar nicht zutreffenden Bedenken, deren Entstehung zum Theil auf ganz falschen Voraussetzungen beruht, kommen nun noch zwei, welche thatsächlich berechtigt sind und die auch meistens noch gegen Anwendung der Schmalspurbahnen geltend gemacht werden. —

Zunächst ist bei den Schmalspurbahnen ein Uebergang der Wagen von und nach anderen Bahnen nicht möglich und es muss deshalb ein Umladen der Wagenladungsgüter stattfinden.

Dies ist allerdings ein Uebelstand, der thatsächlich vorhanden ist, jedoch ist derselbe durchaus nicht so erheblich wie er meistens von den Gegnern dargestellt wird.

Kein Wagenübergang, daher Umladung der Wagenladungsgüter.

Zu beachten ist dabei, dass es sich lediglich um Wagenladungsgüter handelt, denn Stückgüter und Eilgut müssen auch auf normalspurigen Bahnen umgeladen werden, sobald dieselben von einer grossen Linie auf eine Nebenlinie übergehen; sodann ist zu beachten, dass es sich um locale Verkehrsverhältnisse handelt, dass also von einem eigentlichen Massenverkehr keine Rede ist, denn in einem solchen Falle wäre die Wahl der Schmalspur ein Fehler.

---

* Die schlechten Erfahrungen, welche auf Hauptbahnen mit der Hartwichschiene gemacht sind, beruhen einmal in der, im Vergleich zur Belastung der Schiene, geringen Auflagenfläche derselben und dann in ihrer geringen Widerstandsfähigkeit gegen seitliche Stösse. —

Bei den Localbahnen, besonders bei den Schmalspurbahnen, fallen diese seitlichen Stösse vergleichsweise nur sehr schwach aus; die Auflagerfläche ferner verringert sich bei dem auf der Feldabahn angewandten Profil in weit geringerem Maasse als die Belastungen, so dass für gleiche Bodenflächen die Belastung bei Anwendung des Hartwich'schen Oberbaues bei Localbahnen kaum halb so gross ausfallen dürfte, wie bei Hauptbahnen. —

Endlich sind die Kosten des Umladens durchaus nicht von dem Einflusse wie man gewöhnlich annimmt. —

Es stellen sich z. B. die Kosten des Umladens auf der **Industriebahn von Moudalajac** in Frankreich* auf 17 Centimes per Tonne das ist 0.68 Pfg. per Centner oder 1,36 Mk. per 100 Kilogramm. —

Auf der **Broelthalbahn** kostet das Umladen durchschnittlich 0,75 Pfg. per Centner oder 1,5 Mk. per 100 Kilogramm. —

Auf der **Feldabahn** stellen sich die Umladekosten unter der Voraussetzung eines Tagelohns von 2 Mark für 10 Arbeitsstunden z. Z. folgendermassen: — Vorhanden ist ständig eine Colonne Arbeiter von 4 Mann und diese besorgen das Umladegeschäft in Accord; dabei hat sich Folgendes ergeben. —

Holz, besonders Langholz, es arbeiten an einer Doppellowry von 10000 Kilogramm Ladung 4 Mann 2—3 Stunden ohne jede Hülfsvorrichtung, also 2 Mk. 40 Pfg. oder per Centner 1,2 Pfg. und per 100 Kilogramm 2,4 Pfg. —

Dachziegel, die von Hand zu Hand gehen und sehr vorsichtig behandelt werden müssen, per 5000 Kilogramm 4 Mann 1 Stunde, also 80 Pfg. oder per Centner 0,8 Pfg. oder per 100 Kilogramm 1,6 Pfg.

Steinkohlen, von der Normalbahn auf die Schmalspur ohne jede Hülfsvorrichtung, 3 Mann 1 Stunde per 5000 Kilogramm, also 60 Pfg. oder per Centner 0,60 Pfg. und per 100 Kilogramm 1,2 Pfg.

Basaltsteine, von der Schmalspur auf die Normalspur, bei einem erhöhten Geleise der Schmalspur, aber ohne Kippen der Wagen, 5000 Kilogramm 3 Mann ½ Stunde, also 30 Pfg. oder per Centner 0,30 Pfg. oder per 100 Kilogramm 0,6 Pfg. —

Man wird also durchschnittlich die Umladekosten höchstens zu 60 - 75 Pfg. per 100 Centner in Ansatz

---

* W. v. Nördling, Stimmen über Schmalspurbahnen. Wien, Lehmann u. Wentzel.

bringen können, ja noch geringer, wenn man Umladevorrichtungen herstellt, wie man diese, je nach der Art der in Frage kommenden Güter, auf die verschiedenste Weise anwenden kann. —

Bei der Feldabahn war im Jahre 1880 ein Gesammtverkehr von

2 905 000 Kilogramm Stückgütern
6 878 000 „ Wagenladungsgütern

also nahezu $1/3$ Stückgut und $2/3$ Ladungen; die gesammten Umladekosten haben etwa 1750 Mark betragen, so dass sich also die Kosten per 100 Kilogramm auf 1,8 Pfg. oder per Centner auf 0,90 Pfg. belaufen haben, wobei jedoch zu bemerken ist, dass der Verkehr noch ein schwacher ist und die Leute noch nicht voll zu thun haben, also noch höhere Preise erhalten müssen, um auf einen Tagelohn von 1.75 bis 2 Mark zu kommen. —

Auch das hierher gehörende Bedenken, dass die Güter durch das Umladen leiden würden, ist unerheblich, wenn man bedenkt, dass dort, wo Schmalspurbahnen gebaut werden sollen, Landfuhrwerksverkehr besteht, und es doch wohl zweifellos ist, dass die Güter, beim Umladen von Wagen der Normalbahn in die Schmalspurbahn und umgekehrt, mehr geschont werden und dass auch weniger verloren geht als beim Umladen vom Wagen der Normalbahn auf das Landfuhrwerk und umgekehrt. —

Eine der wichtigsten Bedenken gegen die Schmalspurbahn ist ihre geringe Verwendbarkeit für die Zwecke der Militärverwaltung.

Geringer Nutzen der Schmalspurbahnen für militärische Zwecke.

Wenn es ja auch gewiss nicht zu bestreiten ist, dass bei unseren deutschen Verkehrsverhältnissen die Anlage der Schmalspurbahnen für die militärischen Interessen nicht günstig ist, so bleibt doch zu beachten, dass der Regel nach derartige Bahnen nicht zwischen 2 Normalbahnen liegen werden und dass dort, wo dies dennoch der Fall ist, wie z. B. in Gebirgsgegenden, die Herstellung normalspuriger Bahnen entweder der hohen Kosten wegen unmöglich ist, oder aber, dass, wenn man in derartigem Terrain wirklich normalspurige Sekundärbahnen herstellen wollte, diese für militärische Operationen ihren Werth vollständig verlieren würden, wie das später noch näher nachgewiesen werden soll. —

Ferner darf nie vergessen werden, dass Schmalspurbahnen nur dort richtig am Platze erscheinen, wo ein grosser Verkehr, besonders Durchgangsverkehr, nicht in Frage steht, dass sie also meist auch nur dort in Frage kommen, wo die militärischen Interessen nicht von Bedeutung sind, zumal es sich ja nie um grössere Längen handelt.

Es ist deshalb, unter Beobachtung des ganzen Charakters, den unsere deutschen Schmalspurbahnen haben, und ferner in Erwägung des grossen Nutzens, den dies Bahnsystem für abgelegene, verkehrsarme und gebirgige Gegenden hat, dringend zu wünschen, dass Seitens der Reichs-Militärverwaltung eine wohlwollendere Stellung zu der Frage der Zulassung der Schmalspurbahnen genommen werde, wie bisher, denn ebenso wenig wie Jemand die Nothwendigkeit der Rücksichtnahme auf die Landesvertheidigung bei Anlage unserer Eisenbahnen bestreiten wird, ebenso wenig lässt sich verkennen, dass bislang der Herstellung von Schmalspurbahnen eine vielleicht zu grosse Rücksichtnahme auf militärische Zwecke hindernd entgegengetreten ist. —

Dass übrigens selbst Schmalspurbahnen nicht ganz werthlos sind für militärische Operationen, beweist die im lezten Feldzuge hergestellte und noch jetzt im Betriebe befindliche Oesterreichische Militärbahn nach Bosnien. —

III. Vorzüge der Schmalspurbahnen.

Den vorhin erwähnten Bedenken stehen nun die folgenden Vorzüge gegenüber:

Geringere Baukosten. Der Bau der Schmalspurbahnen ist billiger wie der normalspuriger Secundärbahnen, was einerseits daraus direct folgt, dass der geringeren Breite wegen die meisten Arbeiten, wie Grunderwerb, Erdarbeiten u. s. w. an sich schon kleiner ausfallen; andrerseits kommen erheblich leichtere Locomotiven und Betriebsmittel zur Anwendung, in Folge dessen kann man den Oberbau viel leichter, also auch billiger construiren; endlich werden die Baukosten dadurch ganz wesentlich verringert, dass man sich, vermöge der Anwendbarkeit geringerer Curvenradien und stärkerer Steigungen, dem Terrain in einer Weise anschmiegen kann, wie das bei einer normalspurigen Bahn, deren kleinster Curvenradius 150 — 200 m ist (wenn noch ein Wagenübergang thatsächlich stattfinden soll), gar nicht möglich wird. —

Geringere Betriebskosten. In ähnlicher Weise sind die Betriebskosten geringere, wie bei normalspurigen Secundärbahnen, weil einmal die geringeren Geschwindigkeiten und geringeren Lasten eine erheblich geringere Abnutzung des Materials zur Folge haben, weil ferner das Verhältniss der „Nutzlast" zur todten Last erheblich günstiger ist, wie bei normalspurigen Bahnen,

		Eigengewicht der Wagen.	Tragfähigkeit der Wagen.	Eigengewicht in % der Tragfähigkeit.
Cöln-Minden	Bedeckte Güterwagen	6676 Kilogr.	10 000 Kilogr.	66,76
	offene Güterwagen	5318 „	10 000 „	53,18
Rheinische	Bedeckte Güterwagen	6400 „	10 000 „	64,—
	offene Güterwagen	4700 „	10 000 „	47,—
Feldbahn	Bedeckte Güterwagen	2500 „	5000 „	50,—
	offene Güterwagen	2000 „	5000 „	40,—

ferner in Folge der Einheitlichkeit der Betriebsmittel, die in dieser Beziehung sehr günstig wirkt, endlich weil man die ganze Verwaltung viel einfacher und billiger und mit viel elementareren Kräften ausführen kann, da all die vielen Abrechnungs und Verwaltungsarbeiten fortfallen, welche bei Annahme der normalen Spurweite theilweise ganz von selbst kommen.

Hierher gehört auch der Vortheil, der sich daraus ergiebt, dass in Folge der leichteren Betriebsmittel und der geringeren Geleislängen die Rangierarbeit, welche auch bei Schmalspurbahnen nicht ganz zu vermeiden ist, eine viel einfachere und billigere wird, wie bei den normalspurigen Bahnen, wo allein schon die grossen Längen der Nebengeleise beim Rangiren die Anwendung von Maschinen erfordern. --

Einer der wichtigsten Vortheile der Schmalspurbahnen vor den normalspurigen Sekundärbahnen besteht aber darin, dass dieselben weit besser geeignet sind den Verkehr einer Gegend aufzuschliessen, zu fördern und sich selbst dabei den Verkehrsbedürfnissen in jeder Weise anpassend! --

In Folge der Anwendbarkeit geringer Curvenradien und starker Steigungen (Industriebahn von Resica-Szecul in Ungarn 1 : 20) ist es möglich an die Ortschaften und Etablissements, Steinbrüche u. s. w. fast ganz heran zu kommen, so dass die Kosten für Ab- und Zufuhr der Güter bei Schmalspurbahnen, wenn sie auch nicht ganz fortfallen, so doch erheblich geringer sind, wie bei den normalspurigen Bahnen, die mit dem kleinsten Radius von 150 oder 200 m nicht so nahe der Verladestelle kommen können. --

Man kann ferner, in Folge der scharfen Curven, welche

Nach statistischen Nachweisungen macht die Fortschaffung von jeder Tonne Nutzlast auf den preussischen Staatsbahnen durchschnittlich die Beförderung von 1,6 Tons Wagengewicht nöthig, so dass die Tragfähigkeit der Wagen bei den Vollbahnen durchschnittlich nur mit 35—40 % ausgenutzt wird. —

thatsächlich bereits bis zu 25 m Radius ausgeführt sind (Industriebahn von Cessous nach Trebiau im Departement Gard)*, die oft sehr theueren Durchschneidungen werthvoller Grundstücke vermeiden und kann sich besser bestehenden Wegen anschliessen, als wenn man mit einem kleinsten Radius von 150 oder 200 m traciren muss. —

In besonders hohem Grade tritt der Vorzug, den die Schmalspurbahnen in dieser Beziehung vor den normalspurigen Bahnen haben, in Gebirgsgegenden hervor, wie dies später noch specieller nachgewiesen werden soll. —

IV. Vorarbeiten und Tracirung.

Sorgfältig ausgeführte Vorarbeiten sind natürlich ein Haupterforderniss auch für Schmalspurbahnen und mag hier nur darauf hingewiesen werden, dass es durchaus bedenklich erscheinen muss derartige Vorarbeiten, weil sie scheinbar so einfach sind, durch nicht dazu geeignete Persönlichkeiten ausführen zu lassen. —

Die Vorarbeiten zu Schmalspurbahnen sind insofern von denen zu Normalbahnen unterschieden, als zunächst die Ermittlung des Verkehres, resp. die Feststellung der zu erwartenden Grösse des Verkehrs, eine andere sein muss, wie bei Normalbahnen, denn die dort üblichen Formeln scheinen hier nicht zweckmässig für die einfachen und geringen Verkehrsverhältnisse.

Die möglichst genauste Grundlage lässt sich nur dadurch erreichen, dass gewissenhaft statistische Angaben gesammelt werden; auf Grund dieser Angaben müssen dann die zu erwartende Verkehrsgrösse und demgemäss die Tarife bestimmt werden. —

Sodann ist der Einfluss der Krümmungs- und Steigungsverhältnisse auf den Betrieb der Schmalspurbahnen ein durchaus anderer wie bei den Normalbahnen, was

---

* Heusinger, Eisenbahntechnik. Band V., Seite 271 u. 275.

durch die folgenden Betrachtungen näher dargelegt werden möge. —

Bekanntlich ist es im Eisenbahnwesen allgemein anerkannter Grundsatz, umso höhere Baukosten zur Erzielung einer günstigen Trace nicht zu scheuen, je grösser der auf einer Bahn zu erwartende Verkehr ausfällt. — Die in Folge der günstigeren Taxe sich jährlich ergebenden Ersparungen an Betriebkosten sollen dabei die Zinsen **der Mehrkosten** des Baues mindestens decken. — Wenn es hiernach gerechtfertigt erscheint, bei dem geringen Verkehr der Sekundärbahnen im Allgemeinen, besonders aber der Schmalspurbahnen, schärfere Curven und stärkere Steigungen zuzulassen, wie bei den Hauptbahnen, so müssten folgerichtig auch, eben der ungünstigeren Trace wegen, höhere Betriebskosten entstehen. —

Diese letzte Schlussfolgerung, so einleuchtend sie auch erscheint, trifft doch nur in beschränktem Masse zu, da eine ganze Reihe von Umständen sowohl die schärferen Curven, wie starken Steigungen bei Sekundärbahnen, insbesondere bei denen mit schmaler Spur, weniger schädlich für den Betrieb machen, als bei Hauptbahnen. —

Was zunächst die Curven anbelangt, so gestattet die geringere und weit gleichmässigere Geschwindigkeit der Züge die Anwendung von **Ueberhöhungen** für den äusseren Schienenstrang, wie sie nahezu für alle Züge passen, während bei Hauptbahnen diese Ueberhöhungen für die am raschesten fahrenden Züge bis 10 mal und mehr grösser sein sollten, als für Güterzüge. —

Die Einheitlichkeit des Radstandes, welche allerdings nur bei Schmalspurbahnen ganz zu erreichen ist, lässt ferner die Bemessung der **Spurerweiterung** in Curven genau diesen Radständen entsprechend zu, während bei normalspurigen Bahnen die grössten Radstände der die Bahn passirenden Wagen für jene massgebend sind. —

Auf eine Herabminderung der Curvenwiderstände wirkt ferner der Umstand günstig ein, dass die, in Folge der kürzeren und leichteren Züge, zur Anwendung kommenden geringeren Zugkräfte die Wagen wenig von ihrer

Bahn ablenken, während im Gefälle das nachdrückende Zuggewicht die vorderen Wagen nicht im gleichen Maasse wie bei den Normalbahnen gegen den äusseren Schienenstrang drängt, ein Uebelstand, der bei Hauptbahnen schon manche Entgleisung herbeigeführt hat. —

Wenn hiernach schon Curven bei allen Sekundärbahnen weniger schädlich und betriebsgefährlich sind, wie bei Hauptbahnen, so lässt sich ihr Einfluss auf Vermehrung des Zugwiderstandes am meisten bei Schmalspurbahnen durch rationelle Wahl des Radstandes ermässigen. — Nach den technischen Vereinbarungen stehen sich folgende engsten Curven und Radstände bei Anwendung verschiedener Spurweiten gegenüber.

Spurweite m	Engste Curve m	grösster Radstand m	Verhältnisszahl für den Curvenwiderstand.
1,435	150	3,5	252
1,—	80	2,—	224
0,750	50	1,3	300

Die durch die Curven hervorgerufenen Widerstände sind dabei der Wurzel aus dem Quadrate der Spurweite plus dem Quadrate des Radstandes direct und dem Radius der Curve umgekehrt proportional gesetzt. — Während nun bei normalspurigen Sekundärbahnen, auf welche die Wagen der Hauptbahn, und umgekehrt, wo die Wagen der Sekundärbahn auf die Hauptbahn übergehen sollen, diese Zahlen nahezu massgebend sein werden, lässt sich bei Schmalspurbahnen der Radstand und somit auch der Curvenwiderstand noch ermässigen; bei der Spurweite von 1 m und dem zulässigen Radstande von 2 m fällt der Curvenwiderstand an sich schon geringer aus, als unter gleicher Voraussetzung (3,5 m Radstand) bei normaler Spurweite. —

Was ferner den Einfluss der Steigungen auf die Betriebskosten anbelangt, so muss man drei verschiedene Arten von Steigungen unterscheiden, nämlich

1) unschädliche Steigungen,
2) Steigungen, welche stärker als die vorhergenannten sind, aber schwächer als

3) die massgebenden Steigungen. —

Als „unschädlich" pflegt man solche Steigungen zu bezeichnen, in denen sich der Zugwiderstand gegen den in der Horizontalen verdoppelt; auf solchen Strecken läuft nämlich der Zug bei der Thalfahrt von selbst und wäre hier genau das Mehr der durch die Locomotive bei der Bergfahrt aufgewandten Arbeit wieder erspart. — Bleibt der Umstand unberücksichtigt, dass aus verschiedenen Gründen die Thalfahrt des Zuges ganz ohne Verbrauch von Dampf und Brennmaterial nicht möglich ist, dann ist die Bezeichnung der Steigungen als unschädliche nur in sofern richtig, als auf die Fahrzeit des Zuges nichts ankommt. — Es wird nämlich für Hauptbahnen in der Mehrzahl der Fälle bei der Bergfahrt der Züge eine Ermässigung der Geschwindigkeit gegen die in der Horizontalen unvermeidlich, weil die Locomotive nicht im Stande ist, den erforderlichen Dampf zu produciren. —

Dieser Verlust an Fahrzeit kann aber, aus Gründen der Betriebssicherheit, im Gefälle meistens, besonders bei Zügen mit knapper Fahrzeit — Personen- und Schnellzüge —, nicht wieder eingeholt werden, es geht somit den Hauptbahnen ein Theil ihres Nutzens, des der **raschen Beförderung** von Personen und Gütern, durch die sog. unschädlichen Steigungen verloren, ein Nachtheil, der bei den Sekundärbahnen schmaler und normaler Spur fortfällt, weil wohl nur bei diesen der Fall denkbar ist, dass die gesetzlich zulässigen Geschwindigkeiten auch in allen den Steigungen inne gehalten werden können, welche nach dem Vorstehenden als unschädlich bezeichnet wurden; man ist deshalb nur bei Sekundärbahnen berechtigt von „unschädlichen" Steigungen zu sprechen. —

Bei den unter 2 angeführten Steigungen, welche stärker als die vorhergehenden sind, wird allerdings bei der Thalfahrt auch bei Sekundärbahnen der den Zugwiderstand übersteigende Theil der Schwerkraftscomponente des Zuges durch Bremsen zu zerstören sein und geht demnach die bei der Bergfahrt mehr aufgewandte Zugkraft zum Theil verloren; trotzdem aber sind bei Sekundärbahnen auch solche Steigungen oder „verlorene Gefälle", wie sie genannt werden, in weit geringerem Grade nachtheilig wie bei Hauptbahnen. —

Werden schon durch die sogenannten unschädlichen Steigungen Zeitverluste bei den Hauptbahnen unvermeidlich, so ist dies durch die schädlichen Steigungen noch weit mehr der Fall, während die Steigungen bei Sekundärbahnen schon recht bedeutend sein müssen, ehe sie Zeitverluste im Gefolge haben.

So entspricht z. B. bei der früher erwähnten Harzbahn mit 1 m Spurweite einer Fahrgeschwindigkeit von 20 Kilm. per Stunde, mit einem nach dem vollen adhärirenden Gewichte der Locomotive bemessenen Zuge, der normalen Dampfproduction der Locomotive in einer Steigung von 1:47; diese sowie alle schwächeren Steigungen haben somit bei der Harzbahn keine Fahrzeitverluste zur Folge. —

Wichtiger aber als die verlorene Zugkraft und Fahrzeit sind die Unbequemlichkeiten ja oft geradezu Gefahren für den Betrieb, welche auf den Hauptbahnen aus verlorenem Gefälle, also aus dem Wechsel von Steigungen und Gefällen auf freier Strecke erwachsen. —

Ueberschreitet die Spitze eines zu Berge fahrenden Zuges den Brechpunkt der Bahn, so hat der Führer die Zugkraft seiner Maschine allmählig zu ermässigen, damit die ohnehin schon stark beanspruchten Zugvorrichtungen nicht übermässig angespannt werden.

Da es nun an und für sich schon seine Schwierigkeiten hat mit starken Zügen die vorgeschriebene Fahrzeit einzuhalten und eine entsprechende Vergrösserung der Fahrgeschwindigkeit bei der Thalfahrt mit Gefahren verknüpft sein würde, so befolgen die Führer häufig die obige Regel nicht, was dann leider nur zu oft Zugtrennungen auf freier Strecke und weitere Unglücksfälle zur Folge hat.

Stehen gar 2 Maschinen an der Spitze des Zuges, so wird die Sache noch bedenklicher.

Nicht minder gefährlich ist aber auch der Gefällwechsel, wenn dem Gefälle eine Gegensteigung folgt, da hier die

Sicherheit, ausser von der Geschicklichkeit des Führers, auch noch von dem Bremspersonale und namentlich von dem den letzten Bremswagen bedienenden Bremser abhängt.

Die ohnehin leichter laufenden Wagen drängen im Gefälle heftig gegen die Locomotive, alle Puffer liegen fest vor einander und die Zugapparate sind nicht angespannt. Sobald nun die Locomotive auf der Gegensteigung ankommt — besser schon etwas früher — muss der Führer wieder Dampf geben, dadurch werden die Zugapparate nach und nach gespannt, was nicht ganz ohne Ruck für jeden Wagen geschehen kann, sobald er von der Locomotive wieder aufgenommen wird. Auch hier sind häufig Zugtrennungen die Folge unvorsichtiger Bedienung der Locomotive und der Zugbremsen. —

Alle diese Schwierigkeiten wachsen sowohl mit der Geschwindigkeit als auch mit der Stärke des Zuges und sind demnach für Sekundärbahnen wenig und am wenigsten für Schmalspurbahnen zu befürchten, da letztere, neben der geringen Zuggeschwindigkeit der leichten Züge, vor den normalspurigen Sekundärbahnen noch den Vorzug der leichteren Wagen voraus haben, deren ruckweises Anziehen den schwächsten Stoss verursacht.

Auch noch der Umstand, dass bei den Schmalspurbahnen die elastische Masse der Puffer und Zugapparate im Vergleich zum Zuggewichte am grössesten zu sein pflegt, wirkt dabei günstig auf die Sicherheit des Betriebes ein.

Es erübrigt nun noch den Einfluss zu untersuchen, den die massgebenden Steigungen auf den Betrieb der Eisenbahnen ausüben.

Eine jede Locomotive ist nur im Stande in einer bestimmten Steigung ein bestimmtes Zuggewicht zu befördern, bei dessen Ueberschreitung der Zug liegen bleibt, weil die Räder der Locomotive an derselben Stelle sich drehen, ohne weiter zu laufen.

Ein solches „Schleudern" der Locomotivräder kann häufig beim Anfahren schwerer Züge beobachtet werden und tritt stets dann ein, wenn die Reibung der Locomotivräder auf den Schienen geringer wird als der Zugwiderstand.

Der Widerstand des Zuges wächst nun mit seinem Gewichte und mit der Steigung, in welcher sich der Zug bewegt, während die Reibung der Locomotivräder auf den Schienen mit dem Gewichte der Locomotive zunimmt.

<small>Massgebende Steigung</small> Es wird aus diesen Erörterungen klar, dass zwischen dem Locomotiv- und dem Zuggewichte und der stärksten Steigung der Bahn, der sogenannten „massgebenden Steigung", Beziehungen bestehen, welche das Verhältniss des Zuggewichtes zu dem der Locomotive, also auch der Nutzlast zur Locomotive feststellen.

So ergiebt sich z. B. für die Harzbahn mit Steigungen von 1:25, dass das Zuggewicht höchstens doppelt so gross sein kann, als das Gewicht der Locomotive.

Wendet man die Rechnung auf Hauptbahnen an, so kommt man auf Zuggewichte, wie sie nur ausnahmsweise auf denselben coursiren, ein Zeichen, dass dieses Zuggewicht hier meistens von ganz anderen Factoren als von den massgebenden Steigungen und dem Locomotivgewichte abhängt.*

<small>* Es beruht in diesem Umstande auch der Grund, weshalb die oft mit einem grossen Aufwande von Scharfsinn und Fleiss ausgearbeiteten Formeln zur Berechnung der voraussichtlichen Höhe der Betriebskosten von Bahnen so wenig praktisch brauchbare Resultate ergeben. — Will man mit diesen Formeln rechnen, so wird es nöthig an Stelle der thatsächlich auf den betreffenden Bahnen vorkommenden „massgebenden" Steigungen fingirte Steigungen in die Formeln einzusetzen, die für jede Locomotiv- und Zuggattung verschieden und nach dem thatsächlich stattfindenden Verhältnisse zwischen Locomotiv- und Zuggewicht zu ermitteln sind. —

Diese Factoren sind in der Menge der Güter und Personen zu suchen, welche für die einzelnen Züge zulässig sind resp. transportirt werden sollen, mehr aber noch in der beschränkten Dampfproductionsfähigkeit des Kessels, welche die Einstellung der sonst zulässigen Achsenzahl wegen zu grosser vorgeschriebener Zuggeschwindigkeit nicht gestattet.

(Der normalen Dampfproduction entspricht durchschnittlich bei voller Ausnutzung der Zugkraft der Locomotive eine Geschwindigkeit von 12 bis 15 Kilometer für Güterzüge und von 18 bis 23 Kilometer pro Stunde für Personenzüge).</small>

Wie weit die Zugbelastungen thatsächlich auf den Hauptbahnen hinter den, wegen der vorkommenden stärksten Steigungen zulässigen zurückbleiben, das ergeben die statistischen Nachweise, nach denen das Gewicht des übrigen Zuges auf den preussischen Staatsbahnen durchschnittlich nur 4 mal grösser ist als das der ihn befördernden Locomotive nebst Tender.

Für die ausschliesslich mit Tender-Locomotiven betriebenen Sekundärbahnen entspricht dieses Verhältniss einer Steigung von 1:44; es ist also erst dann eine Vertheuerung des Betriebes auf den Localbahnen, in Folge ungünstiger Steigungsverhältnisse, im Vergleich mit den durchschnittlichen Ergebnissen auf Hauptbahnen zu befürchten, wenn die stärksten Steigungen das Maass von 1:44 überschreiten.*

---

* Das rasche Abnehmen des Zuggewichts, im Vergleich zu dem Gewichte der Locomotive, mit wachsenden Steigungen hat eine ganze Anzahl von Constructionen in's Leben gerufen, welche bezwecken, die Zugkraft der Locomotive von ihrem Gewichte mehr oder weniger unabhängig zu machen. Von diesen Constructionen soll wenigstens die von Riggenbach nicht unerwähnt bleiben.

Riggenbach hat seine Maschine, ausser mit den Vorrichtungen der gewöhnlichen Locomotiven, noch mit einem Zahnrade ausgerüstet, welches in den schärferen Steigungen, in welchen die Reibung der Treibräder auf den Schienen zur Beförderung des Zuges nicht mehr ausreichen würde, in Thätigkeit gelangt. Es liegt hier nämlich zwischen den Schienen noch eine Zahnstange, mit welcher obiges Zahnrad in Eingriff kommt und an welcher also die Maschine mit dem Zuge gewissermassen emporklettert.

So einfach das Prinzip der Riggenbach'schen Locomotive ist und so grosse Dienste auch sein Zahnrad in manchen Fällen leistet, so wenig kann man doch dem Systeme für Bahnen, wie sie hier ins Auge gefasst sind, eine grosse Bedeutung beimessen.

Es erscheint nicht als rationell, bei längeren Bahnen, wenigen kurzen stark geneigten Strecken zu Liebe, die Construction der Locomotiven durch die Riggenbach'sche Vorrichtung zu compliciren, ferner ihr Eigengewicht erheblich zu vergrössern und endlich noch ein zweites Oberbausystem mit in Kauf zu nehmen. Auf Einfachheit und Einheitlichkeit der Betriebsmittel und des Oberbaues ist gerade bei Sekundärbahnen ein ganz besonderer Werth zu legen,

Fasst man die Momente zur Beurtheilung des Einflusses, den die Curven und Steigungen auf den Betrieb der Sekundärbahnen ausüben, kurz zusammen, so ergiebt sich Folgendes:

1. Die Nachtheile der Curven fallen bei Sekundärbahnen geringer aus wie bei Hauptbahnen, zum Theil lassen sich dieselben, besonders bei Schmalspurbahnen, nahezu ganz beseitigen.

2. Die „unschädlichen Steigungen" sind in der That nur bei Sekundärbahnen unschädlich.

3. Die „verlorenen Gefälle" oder schädlichen Steigungen haben bei Sekundärbahnen einen weniger ungünstigen Einfluss als bei Hauptbahnen und beeinträchtigen die Betriebssicherheit gar nicht.

4. Die schärfsten Steigungen einer Bahn sind nur bei Sekundärbahnen auch die „massgebenden" und führen diesen Namen bei Vollbahnen mit Unrecht.

Erst wenn die stärksten Steigungen der Sekundärbahnen dem für Hauptbahnen im Gebirge nach zulässigen Steigungsverhältniss von 1:40 nahe kommen, haben sie ein ungünstigeres Verhältniss der Zugkraft zum übrigen Zuge im Gefolge, wie ein solches durchschnittlich bei den bestehenden Hauptbahnen stattfindet.

5. Die schädlichen Wirkungen der Steigungen sind bei Schmalspurbahnen deshalb am geringsten, weil die Wagen leichter sind wie bei den normalspurigen Sekundärbahnen und folglich eine bessere Ausnutzung des Zuggewichtes stattfindet.

weil geschulte Kräfte und ausreichende Werkstättenanlagen hier weit weniger zur Verfügung stehen als bei Hauptbahnen.

Sind einzelne stark geneigte Strecken auf einer Sekundärbahn nicht zu vermeiden, so wird man in den meisten Fällen die Züge unter Benutzung von Vorspannmaschinen oder indem man sie theilt und zunächst die eine und dann die andere Hälfte durch dieselbe Maschine fortschaft, auch mit den gewöhnlichen Adhäsionsmaschinen befördern können. Diese Mittel gestatten die Einlegung solcher Strecken mit Steigungen von 1:17 und 1:15 auf Bahnen, deren Steigungen im Uebrigen ein Maass von 1:30 und 1:25 nicht überschreiten.

Die vorstehenden Betrachtungen sollten nur darthun, dass man beim Traciren von Schmalspurbahnen durchaus nicht so ängstlich mit der Einlegung verlorener Gefälle zu sein braucht, sofern man nur nicht die stärksten Steigungen dabei anwendet; ebenso ist die Anwendung der Curvenradien von 80 m resp. 50 m bei 1 m resp. 0,75 m Spurweite in keiner Weise bedenklich, es können bei diesen Radien durchaus stabile Fahrzeuge gebaut werden und lassen sich, wenn man beides combinirt, die Baukosten häufig ganz erheblich reduciren.

V. Bau der Schmalspurbahnen und Baukosten.

Bei der Herstellung von Schmalspurbahnen hat natürlich in jeder Weise die grösste Solidität zu herrschen und ganz besonders gilt dies für den Oberbau; ein jeder überflüssige Luxus ist zu vermeiden und sind die einzelnen Bauwerke lediglich dem Bedürfniss angemessen auszuführen; die ganze Anlage ist für das **vorhandene Bedürfniss** herzustellen und sind Vervollständigungen und Erweiterungen erst dann auszuführen, wenn dafür in der That ein Bedürfniss eintritt; dadurch wird vermieden, wie man das häufig bei den in letzter Zeit gebauten normalspurigen Nebenlinien sehen kann, dass ein gewaltiger Apparat hergestellt wird für den thatsächlich, oft auf lange Jahre hinaus, kein Bedarf vorhanden ist.

Bezüglich der einzelnen Titel möge Folgendes gesagt sein.

Dieselben werden wie bei anderen Bahnen auch zur Ausführung kommen. *Grunderwerb und Erdarbeiten.*

Diese müssen und können thunlichst vermieden werden, besonders sind aber die bei Hauptbahnen oft verlangten Einfriedigungen von in der Nähe gelegenen Strassen und Wegen zu vermeiden; bei Strassenbahnen dürfte es genügen, wenn nur diejenigen Strecken eine Einfriedigung *Einfriedigungen.*

erhalten, auf denen die Bahn direct neben der Strasse, aber tiefer wie diese, liegt.

Brücken und Durchlässe. Diese sind in durchaus einfacher aber solider Weise nach Massgabe der zur Anwendung kommenden Locomotivgewichte zu berechnen und auszuführen und dürfte es sich empfehlen bei diesen, an sich meist schon unbedeutenden, Bauwerken Holzconstructionen ganz zu vermeiden, besonders bei den jetzigen Eisenpreisen; übrigens sprechen hierbei natürlich örtliche Verhältnisse mit.

Oberbau. Bei Schmalspurbahnen werden in den meisten Fällen der Oberbau und die Betriebsmittel den grössten Theil der Kosten verursachen und ist es deshalb nothwendig, dass hier die grösste Solidität herrscht, damit nicht unnütze Unterhaltungskosten entstehen.

Welches Oberbausystem man wählen will, darüber werden die Ansichten noch lange sehr auseinander gehen, wie dies ja auch bei den Hauptbahnen noch der Fall ist.

Bis jetzt dürfte wohl am meisten der gewöhnliche Querschwellen-Oberbau mit hölzernen Schwellen zur Ausführung gekommen sein, bei dem allerdings die Unterhaltungskosten auch am höchsten sind.

Wenn man sich vergegenwärtigt, dass bei Schmalspurbahnen in Folge der geringen Lasten und der geringen Geschwindigkeiten die horizontalen Schwankungen nur äusserst geringfügige sind, dann dürfte wohl ein Oberbau-System mit eisernen Einzelunterlagen, wie es auf Tafel VII dargestellt ist, berechtigt und zweckmässig erscheinen, da die Anlagekosten nicht höher wie beim hölzernen Querschwellen-System und die Unterhaltungskosten doch ganz erheblich geringere sind, zumal Holz ganz dabei vermieden ist.

Diese Einzelunterlagen dürften um so unbedenklicher sein, wenn man erwägt, dass noch jetzt bei vielen Hauptbahnen, welche mit grosser Geschwindigkeit und schweren Zügen befahren werden, wo also ganz andere horizontale Schwankungen und aus diesen resultirende horizontale Angriffskräfte, besonders in den Curven, vorhanden sind,

Einzelunterlagen aus Steinen existiren, so z. B. auf den Bayerischen Bahnen.

Für Strassenbahnen, wo ein fester Untergrund vorhanden ist, dürfte das Hartwich-Oberbau-System, wie es auf der Feldabahn zur Anwendung gekommen und sich bis jetzt ausgezeichnet bewährt hat, das zweckmässigste sein, da hierbei die Unterhaltungskosten auf ein Minimum reducirt werden.

Das System, wie es auf der Feldabahn angewandt wurde, ist auf Tafel VII dargestellt; empfehlen dürfte sich unter allen Umständen, die theilweise, auf Verlangen der Regierung, zur Anwendung gekommene hölzerne Stossschwelle fortzulassen, da diese einerseits unnütze Unterhaltungskosten verursacht und andrerseits bei rasch wechselndem Frost- und Thauwetter den Betrieb mindestens stört, ja oft geradezu gefährdet.

Die Erfahrung hat auf der Feldabahn gezeigt, dass diejenigen circa 7,5 Kilometer langen Strecken, wo gar keine Schwellen zur Anwendung gekommen sind, sich bei Weitem am Besten in ihrer Lage erhalten und auch die geringsten Unterhaltungskosten verursacht haben.

Will man den Stoss noch sichern, so möge man eine einfache Stossplatte darunter legen.

Die vielen Bedenken, welche man gegen das Hartwich-Oberbau-System, in Folge der bei den Versuchen auf Hauptbahnen gemachten schlechten Erfahrungen, hat, sind kein Grund dies System für Sekundärbahnen und insbesondere für Strassenbahnen nicht anzuwenden, denn die Verhältnisse sind hier ganz andere; bei den Hauptbahnen werden grosse Lasten mit grossen Geschwindigkeiten bewegt, während bei den Schmalspurbahnen kleine Lasten mit kleinen Geschwindigkeiten bewegt werden.

Die optischen Signale, Gradientenzeiger, Abtheilungszeichen und dergl. können bei diesen langsam fahrenden Bahnen vollständig entbehrt werden und dürfte sich höchstens ein ganz einfaches Einfahrtsignal für die Bahnhöfe empfehlen, sofern mehr wie ein Zug auf der Strecke sich befindet.

Ob ein electrischer Telegraph anzulegen ist, hängt von den speciellen Verhältnissen ab; im Allgemeinen kann man sagen, dass, so lange die Bahnstrecke nicht zu lang ist und nur von einem Zuge befahren wird, der electrische Telegraph entbehrt werden kann, wird die Strecke aber länger, schliessen sich Zweigbahnen an oder treten mehrere Maschinen in Dienst, dann wird die Anlage eines electrischen Telegraphen geradezu Bedürfniss, einerseits verlangt die Betriebssicherheit die Herstellung deselben, andrerseits kann man weit besser und rascher über die doch meist nur in beschränkter Zahl vorhandenen Betriebsmittel disponiren, besonders zu Zeiten sehr lebhaften Verkehres; unter allen Umständen ist es, auch bei kurzen Strecken, angenehm, einen electrischen Telegraph zur Verfügung zu haben und sind ja auch die Kosten, 250 Mark per Kilometer, nicht bedeutend; häufig wird man auch den vorhandenen Staatstelegraph benutzen können.

Da, wo Nachtdienst stattfindet, müssen natürlich Weichenlaternen vorhanden sein, sonst sind aber alle anderen Signale, insbesondere die Barrièren an Chaussee-Uebergängen und bei Durchfahrt von Ortschaften zu vermeiden; an derartigen Kreuzungspunkten genügt es, wenn entweder langsam gefahren, allenfalls auch gehalten oder ein electrisches Glockenspiel angebracht wird, aber keine Barrière, deren Bedienung stets einen Wärter kosten würde.

Auf der Feldabahn sind, trotzdem verschiedene, z. Th. sehr hässliche Chausseekreuzungen sogar innerhalb der Ortschaften vorkommen, weder Barrièren noch sonst irgend welche Vorkehrungen, ausser Warnungstafeln angebracht und hat sich diese Einrichtung bis jetzt sehr gut bewährt.

Nothwendig dagegen ist natürlich eine Versteinung der Bahn, die bei der Feldabahn mit halben und ganzen Kilometern ausgeführt ist, sowie die Distanzzeichen an den Weichen zwischen den Geleisen.

Wenn man auch bei Anlage von Schmalspurbahnen, besonders von Strassenbahnen, stets bemüht sein wird, vorhandene Gebäude, Wirthshäuser u. dergl. zu Bahnhofszwecken zu benutzen, so wird sich die Herstellung von Hochbauten doch nicht ganz vermeiden lassen, zumal auch Güter- und Locomotivschuppen und andere Nebengebäude hergestellt werden müssen. *Hochbauten.*

So wenig sich nun, wenigstens vom volkswirthschaftlichen Standpunkte aus, die Herstellung unserer modernen „Eisenbahnpaläste" rechtfertigen lässt, so fehlerhaft würde es sein, wollte man bei diesen kleinen Nebenbahnen hierbei in das entgegengesetzte Extrem verfallen.

Sobald eine Schmalspurbahn dem Personen- und Güterverkehr dient, wird es auch nothwendig Räume zum Aufenthalt für die Passagiere herzustellen und werden hierbei stets der specielle Fall und die örtlichen Verhältnisse in's Auge zu fassen sein.

Man wird häufig vorhandene Wirthshäuser oder dergl. benutzen können, häufig wird man aber auch, wie z. B. bei der Feldabahn, neue Gebäude aufführen müssen.*

Auch hier wird man zunächst mit einem Minimum beginnen und nach Bedürfniss vervollständigen.

Bei den Personenwagen muss man sich hüten dieselben zu unbequem zu machen und dürfte in dieser Beziehung bei den Personenwagen der Feldabahn das Richtige getroffen sein, da dieselben, unter Vermeidung jedes Luxus, einfach aber anständig ausgestattet und im Winter mit Dampfheizung versehen sind. *Betriebsmittel.*

---

* So ist es z. B. von manchen Seiten tadelnd hervorgehoben, dass der Verfasser die Hochbauten der Feldabahn mit unnöthiger Opulenz hergestellt habe; zunächst ist dies an und für sich durchaus nicht der Fall, denn die sämmtlichen Hochbauten sind einfach aber solide ausgeführt, sodann übersieht man dabei, dass die Feldabahn Grossherzogliche Staatsbahn ist und dass die Bewohner des Eisenacher Oberlandes für ihre Eisenbahn ebensogut wenigstens angemessene Gebäude verlangen konnten, wie die Bewohner der anderen Theile des Grossherzogthums, deren mit Staatshülfe erbauten Bahnen solche, z. Th. sogar mit unnützem Luxus ausgestattet, erhalten haben (z. B. Gera-Eichicht).

Ob man kleinere Personenwagen, event. mit beweglichen Achsen, oder grössere mit Drehgestell, wie in Amerika, verwenden will, dürfte specieller Prüfung unterliegen, wobei insbesondere die Krümmungsverhältnisse der Bahn in Frage kommen; bis jetzt haben die Versuche mit beweglichen Achsen, bei geringer Geschwindigkeit, noch nicht die absolute Brauchbarkeit dieser Construction dargethan, während sie sich bei Hauptbahnen bereits bewährt haben (Patent Klose).

Bezüglich der übrigen Wagen (man kann natürlich für Tragfähigkeit von 5000 Kilogramm jede beliebige Art Wagen bauen) wird man der Art des Verkehres Rechnung zu tragen und event. Kippwagen für Rohmaterialien, Wagen mit Drehgestell für Langholz u. s. w. herzustellen haben.

Ob es sich empfiehlt, um das Umladegeschäft zu erleichtern, Kasten zu construiren, welche auf die Wagen der Normalbahn übergerollt werden können, scheint mindestens noch sehr zweifelhaft, da besonders die Rücksendung dieser leeren Kasten Schwierigkeiten verursachen dürfte.

Was die Locomotiven anbetrifft, so dürften ausnahmslos Tendermaschinen zur Anwendung kommen und können diese für Spurweiten von 0,75 m bis zu einem Gewicht im Dienst von 15 Tons (300 Centner) noch zweckmässig hergestellt werden, während für Spurweiten von 1 m solche von 20 bis 25 Tons gebaut werden können (siehe Capitel über Spurweite der Schmalspurbahnen).

Selbstverständlich ist, dass, wie beim Oberbau, so auch bei den Betriebsmitteln, welche am meisten der Abnutzung ausgesetzt sind, die grösste Solidität in der Construction herrschen muss und nur das beste Material verwandt werden darf.

Baukosten der Schmalspurbahnen

Was die Baukosten von Schmalspurbahnen, die dem Personen- und Güterverkehr dienen, aber doch den ausgesprochenen Charakter der Localbahn haben, anbelangt, so haben gekostet pro Kilometer:

Broelthalbahn . . . . 22 905 Mark.
Ocholt-Westerstede . . 27 829 „
Feldabahn . . . . . . 28 000 „

und zwar mit Grunderwerb und Betriebsmitteln. Von neueren Projecten, die der Verfasser bearbeitet hat, sind veranschlagt pro Kilometer mit Grunderwerb und Betriebsmitteln:

1. Verse-Volme Strassenbahn (Westfalen) pro Kilometer 41 860 Mark.
2. Plettenberg - Herscheid (Westfalen) pro Kilometer 29 412 Mark.
3. Altona - Kaltenkirchen (Holstein) pro Kilometer 20 000 Mark.
4. Ottensen-Wedel (Holstein) pro Kilometer 37 770 Mark.
5. Rossach - Coburg - Rossfeld (Coburg) pro Kilometer 24 444 Mark.
6. Nordhausen-Quedlinburg (Provinz Sachsen und Anhalt) pro Kilometer 40 600 Mark.
7. Mansfelder-Bergwerksbahn (Prov. Sachsen pro Kilometer 61 182 Mark.

Die Projecte Nr. 3 und 5 sind Strassenbahnen mit sehr wenigen Neubaustrecken, Nr. 4 hat viel Neubaustrecken; bei Nr. 2, welches in der Hauptsache auch noch Strassenbahn ist, kommen aber schon Brückenbauten und mehr Grunderwerb vor; Nr. 1 und 6 sind sehr schwierige Projecte, besonders bei Nr. 6, das 73 Kilometer lang ist, werden Strassen nur sehr wenig benutzt, während die Bahn nahezu 20 Kilometer im Gebirge liegt, und in beiden Projecten Steigungen bis 1 : 25 resp. 1 : 30 vorkommen.

Nr. 7 ist eine reine Industriebahn, mit selbstständigem Bahnkörper in ausserordentlich coupirtem Terrain, ferner mit äusserst complicirten Betriebsverhältnissen, so dass allein für Betriebsmittel pro Kilometer 9500 Mark, für Grunderwerb 7500 Mark und für Oberbau 21 948 Mark veranschlagt sind.

Dem gegenüber haben betragen die **Baukosten normalspuriger Sekundärbahnen:**
1. Metzingen-Urach (Württemberg) 147 000 Mark.
2. Parchim-Ludwigslust (Meklenburg) (ohne Betriebsmittel) 50 000 Mark.
3. Wutha-Ruhla (Weimar) (ohne Betriebsmittel) 48 520 Mark.

4. Crossen-Eisenberg (z. Th. Strassenbahn) (Altenburg) 54 009 Mark.
5. Fröttstedt-Friedrichsroda (ohne Betriebsmittel) 53 000 Mk.
6. Westholsteinische Bahnen (Preussen) 44 000 Mark.
7. Langenzam-Siegelsdorf (Bayern) (ohne Betriebsmittel) 52 000 Mark.

Es dürften dies wohl einige der billigsten, in den letzten Jahren ausgeführten normalspurigen Sekundärbahnen in Deutschland sein und geht aus einem Vergleich dieser Zahlen hervor, dass selbst Bahnen mit so einfachen Verhältnissen, wie Crossen-Eisenberg oder Wutha-Ruhla, immer noch mindestens mal so theuer sind, wie Schmalspurbahnen im gleichen Fall, dass aber, sobald Terrainschwierigkeiten hinzukommen wie bei Nr. 1, die Baukosten gleich das Vielfache der Kosten einer Schmalspurbahn betragen.

Wenn sich natürlich auch genaue Kosten der Schmalspurbahnen nur an der Hand der Vorarbeiten angeben lassen, so kann man doch wohl annähernd für unsere deutschen Verhältnisse die Kosten folgendermassen annehmen:

1. Schmalspurige Strassenbahnen der einfachsten Art, bei denen kein Grunderwerb und keine besonderen Bauwerke nöthig werden, einschliesslich Betriebsmittel pro Kilometer 20 bis 25 000 Mark.

2. Schmalspurbahnen mit selbstständigem Bahnkörper in hügeligem Terrain. einschliesslich Grunderwerb und Betriebsmittel pro Kilometer 25 bis 35 000 Mark.

3. Schmalspurbahnen im Gebirge ohne jede Strassenbenutzung mit selbstständigem Bahnkörper, einschliesslich Grunderwerb und Betriebsmittel pro Kilometer 35 bis 50 000 Mark.

Das heisst also, dass sich die unter den schwierigsten Verhältnissen erbauten Schmalspurbahnen immer noch nicht so theuer stellen in ihrer Anlage, wie die billigsten normalspurigen Sekundärbahnen, welche wir bis jetzt kennen.

VI. Betrieb, Betriebskosten und Verwaltung der Schmalspurbahnen.

Vielfach hört man noch von Technikern der Hauptbahnen die Ansicht vertreten, dass sie mit dem „sekundären Betriebe" durchaus nicht die erwarteten Erfolge erzielten und dass sie in Folge dessen sich auch nicht damit befreunden könnten.

Dies kann aber gar nicht Wunder nehmen, denn wenn man sieht wie die Hauptbahnen, welche sogenannten „sekundären Betrieb" auf einzelnen Nebenlinien eingeführt haben, diesen Betrieb handhaben, dann ist es nur zu natürlich, dass sie damit keine glänzenden Resultate erzielen.

Damit, dass man einzelne Bahnwärter einzieht, langsamer fährt, eine Signalglocke an der Maschine anbringt und was dergl. zur Ersparniss eingeführte Massregeln mehr sind, hat man noch keinesweges einen „sekundären Betrieb", sondern dieser setzt voraus, dass in erster Reihe **leichtere, der geringeren Fahrgeschwindigkeit angemessenere Betriebsmittel, sowohl Maschinen wie Wagen, zur Verwendung kommen** und sodann, dass man den Personenverkehr vom Güterverkehr möglichst trennt und nicht etwa, um die nun einmal vorhandenen schweren Maschinen und Wagen auch zu verwerthen, diese verwendet; erst wenn dies geschieht und wenn ferner dem Verkehre und seiner besonderen Art in jeder Weise Rechnung getragen wird, kann von einem „sekundären Betriebe" die Rede sein, der in der That erheblich billiger ist, wie der jetzt meistens bei Hauptbahnen ausgeführte „Sekundärbetrieb".

Wenn nun auch die selbstständig verwalteten normalspurigen Sekundärbahnen obigen Anforderungen schon mehr Rechnung tragen und ihre Betriebskosten auch schon erheblich niedriger geworden sind, wie diejenigen der Hauptbahnen, so lässt sich auch in dieser Beziehung das günstigste Resultat, d. h. die geringsten Betriebskosten, nur durch Anwendung der Schmalspur erreichen.

Bei der normalspurigen Sekundärbahn werden sich mit der normalen Spurweite stets einige Vorschriften der Hauptbahnen auf die Nebenbahnen übertragen, welche zur Erhöhung der Betriebskosten beitragen; es werden sich in Folge der directen Verkehre immer mancherlei Verwaltungsarbeiten herausstellen, die geübtere Beamten erfordern, die schwereren Wagen werden entweder mehr Bremser oder die Herstellung continuirlicher Bremsen erfordern, kurz, es treten bei den normalspurigen Sekundärbahnen eine Reihe von Momenten auf, die eine Erhöhung der Betriebskosten herbeiführen, so dass thatsächlich bis jetzt noch keine der bestehenden normalspurigen Sekundärbahnen geringere Betriebskosten wie 3000 Mark pro Jahr und Kilometer erzielt hat.

Anders verhält es sich mit den Betriebskosten und dem ganzen Betriebe der Schmalspurbahnen.

In Folge der Einfachheit dieser Bahnen an sich, die weit eher mit dem Landfuhrwerke wie mit unseren „Eisenbahnen" verglichen werden können, lässt sich der ganze Betrieb in viel einfacherer Weise und mit viel elementareren Kräften ganz präcis durchführen, wie dies sowohl durch die Broelthalbahn und die seit 1876 im Betriebe befindliche Schmalspurbahn Ocholt-Westerstede, wie auch durch die seit 1879 im Betrieb befindliche Feldabahn, bei der die ganzen Verhältnisse erheblich schwieriger sind wie bei ersterer Bahn, zur Genüge nachgewiesen ist.

Bei letzterer Bahn sind weder Bahnwärter noch Barrièren irgend welcher Art vorhanden, trotzdem die Bahn durch 2 Ortschaften hindurchgeht; die Grossherzogliche Staatsregierung hat in der dankenswerthesten Weise die Bemühungen der Bahnverwaltung, den Betrieb so einfach wie möglich zu gestalten, unterstützt und man kann in der That nur dringend wünschen, dass auch in anderen Staaten dies Verfahren Seitens der staatlichen Aufsichtsbehörden Nachahmung finde und dass nicht bei dem Betriebe der Schmalspurbahnen jene, durch immer grössere Anforderungen des Publikums hervorgerufene Unmasse von Bahnpolizeivorschriften Geltung erlangen, die den Betrieb unserer Normalbahnen so gewaltig erschweren und vertheuern.*

Bei den Schmalspurbahnen, die berufen sind, sich ganz den Bedürfnissen des Verkehres anzupassen und bei denen man es ja auch meistens mit kleineren Verhältnissen zu thun hat, muss man darauf Bedacht sein alles Schablonenhafte, Bureaukratische in der Verwaltung zu vermeiden, die Vielschreiberei — der Schrecken der Techniker bei den Hauptbahnen — muss ganz fortfallen und das Schriftliche auf ein Minimum eingeschränkt werden, was sich auch sehr gut durchführen lässt, indem der leitende Beamte mit dem ausführenden mehr in directen, persönlichen Verkehr tritt, ein Verfahren, welches auch sonst seine guten Seiten noch hat.

* Während in Deutschland die Eisenbahnen, welche doch dem Interesse der Gesammtheit dienen, oft des Einzelnen wegen die umständlichsten Vorkehrungen und Einrichtungen treffen müssen, begnügt man sich bekanntlich in Amerika damit, Diejenigen, welche eine Eisenbahn passiren wollen, durch einen Warnungspfahl mit der Aufschrift „Look out" darauf aufmerksam zu machen, dass sie selbst für ihre Sicherheit zu sorgen haben, da man Bahnwärter, Drahtzugbarrièren mit Glocken und dergleichen Vorrichtungen, wie wir sie auf den deutschen Eisenbahnen in der complicirtesten Art und Weise besitzen, gar nicht kennt.

Mag man in Amerika möglicherweise in dieser Hinsicht etwas zu weit gehen, wünschenswerth bleibt es doch, dass auch unser deutsches Publicum sich etwas mehr daran gewöhne zu bedenken, dass, wenn man auf einen Bahnhof kommt, oder an eine Bahnkreuzung auf freier Strecke, man es mit einer **gemeinnützigen aber gefährlichen Einrichtung** zu thun hat und dass ein Jeder für seine eigne Sicherheit besorgt zu sein hat, nicht aber sich auf Einrichtungen und Beamten verlassen soll. — Dass all die vielen Vorrichtungen dennoch oft nichts nützen, wenn die Menschen nicht selbst sich schützen, beweisen die alljährlich vorkommenden Unglücksfälle.

Sache der staatlichen Aufsichtsbehörden dürfte es aber sein in dieser Beziehung etwas mehr, wie bisher, auf das Publicum einzuwirken, anstatt die Bahnverwaltungen zu immer umfangreicheren Vorkehrungen zu zwingen, die Bau und Betrieb nur vertheuern, ohne zugleich ihren Zweck ausreichend zu erfüllen.

Dem einzelnen Beamten muss man Vertrauen entgegenbringen, ihn nicht ganz zur Schablone machen und durch schriftliche Instructionen dirigiren wollen*, wie es bei den Hauptbahnen leider, nach der Ansicht des Verfassers, nicht immer zum Vortheil und zur Sicherheit des Ganzen, geschieht.

Betriebseinrichtung und Verwaltung Wünschenswerth ist es vielmehr, dass man dem einzelnen Beamten, innerhalb bestimmter Grenzen, eine gewisse Selbstständigkeit einräumt, auf diese Weise seinen Ehrgeiz und sein Interesse anspornt, anstatt ihn ganz und gar zur Schablone und seine Thätigkeit zu einer nahezu rein mechanischen zu machen; es ist dies bei den einfachen Verhältnissen der Schmalspurbahnen umsomehr ausführbar, als die geringe Fahrgeschwindigkeit an und für sich schon mit weniger Gefahr verbunden ist; der Verfasser hat mit diesem Verfahren die besten Erfahrungen gemacht und ist überzeugt, dass sich dasselbe auch bei den Hauptbahnen, bis zu einer gewissen Grenze, mit Erfolg anwenden liesse.

Im Uebrigen muss natürlich die strengste Ordnung herrschen und darf es unter allen Umständen nur einen dirigirenden Beamten geben, da sonst leicht die unbedingt nothwendige Disciplin gelockert wird.

Die Verwaltung resp. Leitung der Schmalspurbahnen wird am Besten, besonders wenn die Bahn etwas länger ist, durch einen Techniker ausgeführt, der aber zugleich insofern etwas kaufmännische Kenntnisse besitzen muss, als er einerseits die, allerdings einfache, Buchführung mit zu besorgen und andrerseits auch die verschiedenen Verkehrsinteressen mit wahrzunehmen hat; ist die Strecke kurz, 10—20 Kilometer, so genügt ein derartiger Beamter, der zugleich die Functionen des Bahnmeisters mit zu besorgen hat, während bei längeren Strecken und lebhafterem Verkehr ein besonderer Bahnmeister erforderlich wird.

---

* Dass die vielen, oft mit grosser Umständlichkeit ausgearbeiteten Instructionen häufig dennoch nichts helfen und gar oft dazu beitragen die Beamten zu verwirren, beweisen die trotz aller Instructionen immer wieder vorkommenden Unglücksfälle.

Für die Unterhaltung der Betriebsmittel genügt es, wenn einer der Locomotivführer die Oberaufsicht und Verantwortung bekommt, während die periodischen Revisionen durch einen Maschinentechniker der anschliessenden Hauptbahn erfolgen können.

Zu Beamten wird man sonst durchaus elementare Kräfte verwenden können und wird man im Allgemeinen gut thun, Leute aus der Gegend zu nehmen.

Wird der Betrieb einer Schmalspurbahn unter Beobachtung der im Vorstehenden kurz angedeuteten Grundsätze ausgeführt, so werden die Betriebskosten jedenfalls auf ein Minimum reducirt.

Für die Aufstellung derselben dürfte sich folgendes Schema empfehlen:

    1. Kosten der allgemeinen Verwaltung.
    2.   „   der Zugkraft.
    3.   „   des Transportes.
    4.   „   der Bahnunterhaltung.
    5. Unvorhergesehenes.

Was die Höhe derselben anbelangt so lässt sich darüber natürlich Genaueres nur von Fall zu Fall sagen, da Länge, Verkehr, Trace u. s. w. zu sehr dabei in Frage kommen. *Höhe der Betriebskosten.*

Im Allgemeinen dürften aber, nach den bisherigen Erfahrungen des Verfassers, folgende Sätze richtig sein:

a) **bei ganz einfachen Verhältnissen**, Längen bis zu 40 Kilometer, einer Maschine im Dienst, täglich 1 bis 2 Züge in jeder Richtung, excl. Erneuerungs- und Reservefonds, **pro Jahr und Kilometer** 1000—1500 **Mark**;

b) bei complicirteren Verhältnissen, Längen von 40—60 Kilometer, zwei Maschinen täglich im Dienst, nicht allzu bedeutenden Steigungen (bis 1:40) und nicht zu vielen Curven sowie 2 Zügen in jeder Richtung täglich, pro Jahr und Kilometer 1500—2000 Mark;

c) bei Gebirgsbahnen mit schwierigen Verhältnissen, Längen von 50—70 Kilometer, 2—3 Maschinen täglich im Dienst, Steigungen bis 1:25 für kurze Strecken

4*

und Curven bis zu 60 m R. für 0,75 Spur und 80 m R. für 1 m Spur, täglich 2 bis 3 Züge in jeder Richtung und im Sommer lebhaften Personenverkehr, der die Einlage von Extrazügen erfordert, pro Jahr und Kilometer 2000 – 3000 Mark.

Von bestehenden Schmalspurbahnen hatte Ocholt-Westerstede, wo allerdings sehr einfache Betriebsverhältnisse vorhanden sind, im Jahre 1879 nur 1165 Mark Betriebskosten, 1880 nur 1065,39 Mark pro Jahr und Kilometer, die Broelthalbahn 1878 pro Kilometer 1968,25 Mark, 1879 pro Kilometer 2021,72 Mark und die Feldabahn* im Jahre 1880 circa 1700 Mark; bei letzterer, wo die Betriebsverhältnisse, abgesehen von den ungünstigen Steigungsverhältnissen, deshalb sehr ungünstig sind, weil täglich 2 Maschinen im Dienst sein müssen, ist das Resultat ein ausserordentlich günstiges.

Wie schon erwähnt, dürfte es kaum eine normalspurige Sekundärbahn geben, die unter 3000 Mark pro Jahr und Kilometer betrieben wird und kann man allgemein etwa sagen, dass die Betriebskosten der am günstigsten gelegenen normalspurigen Sekundärbahnen etwa denen der am ungünstigsten gelegenen, nämlich der schmalspurigen Gebirgsbahnen, gleichkommen werden.

Tarife. Was die Tarife der Schmalspurbahnen anbelangt, so thut man gut, in dieser Beziehung ganz von den Hauptbahnen abzusehen und sie lediglich dem Bedürfniss anzupassen; wünschenswerth ist es nur 3 Klassen zu bilden, Stückgut, sperriges Gut und Wagenladungen, im Uebrigen aber, je nach der Art des auf einer Bahn vorherrschenden Verkehres, Ergänzungen zu treffen.

Bezüglich der Höhe der Tarife muss es wohl als Grundsatz für den Güterverkehr gelten, dass für den

---

* Auf der Feldabahn befindet sich, ausser Führer und Feuermann, nur ein Beamter im Zuge, auf den Stationen ebenfalls nur 1 Beamter, denen nach Bedürfniss Arbeiter zugetheilt werden; das ganze Personal besteht deshalb für die circa 45 Kilometer lange Bahn nur aus 15 Beamten.

Anfang die Tarife höchstens halb so hoch sein dürfen wie bislang der Transport per Achse war, da die Verfrachter immer noch eine, wenn auch geringfügige, Ausgabe für An- und Abfuhr haben.

Bei den Personentarifen dürfte es genügen zunächst überhaupt nur 2 Classen einzuführen und die billigste, III. Classe, etwa halb so hoch zu normiren, wie die Post. d. h. pro Kilometer 5 Pfg. (auf den Hauptbahnen kostet III. Classe 4 bis 5 Pfg.), während man für die II. Classe etwa die Höhe der Posttaxe, oder annähernd annehmen wird, also etwa 8—10 Pfg. (auf Hauptbahnen 6—7 Pfg.); ob und inwieweit Retourbillets ausgegeben werden sollen, hängt von localen Verhältnissen ab.

Wichtig ist, dass die Sache in der einfachsten Art und Weise gehandhabt wird und dass thunlichst der Zugführer den Billetverkauf mit besorgt.

Auf der Feldabahn hat z. B. der Zugführer die sämmtlichen Billetsorten in einem Kasten, den er umschnallt, bei sich und besorgt den Verkauf während der Fahrt.

Ob man bei so kleinen Bahnen, wie es die Schmalspurbahnen meistens sein werden, das grosse Frachtbriefformular einführen oder ein einfacheres nehmen will, hängt auch von dem Verkehr ab; der Beamte auf der Anschlussstation, wo sich die Züge doch höchstens in Pausen von mehreren Stunden folgen können, hat Zeit genug das Umschreiben vorzunehmen; auf der Feldabahn war anfangs ein besonderes Formular angewandt, man hat jedoch mit wachsendem Verkehr für die von anderen Bahnen kommenden oder dorthin gehenden Güter auch das grosse Formular zugelassen.

Im Grossen und Ganzen dürfte es sich empfehlen, wenn man bei Einrichtung des Betriebes und Handhabung desselben sich gar nicht um die Einrichtungen der Hauptbahnen bekümmert, da die Verhältnisse doch ganz andere sind; am allerwenigsten dürfte es sich empfehlen, den Betrieb derartiger kleiner Bahnen durch grosse Bahnverwaltungen ausführen zu lassen, da dann naturgemäss die kleinen Bahnen sehr bald als Stiefkinder behandelt werden würden, wie dies ja verschiedene Beispiele zeigen, wo normalspurige Sekundärbahnen von Hauptbahnen mit verwaltet werden.

Leistungsfähigkeit der Schmalspurbahnen. Was nun die Leistungsfähigkeit derartiger Bahnen anbelangt, so wird dieselbe meistens sehr unterschätzt; es soll deshalb hier, an der Hand der thatsächlichen Verhältnisse, wie sie auf der Feldabahn vorliegen, berechnet werden, wieviel eine derartige Schmalspurbahn leisten kann.

Die in einer Richtung liegende Länge der Strecke Salzungen-Dorndorf-Kaltennordheim beträgt rund 40 Kilometer und können täglich 2 Züge in jeder Richtung bequem von einer Maschine geleistet werden. — Die Maschinen, welche zu 20 Tons Gewicht vorgesehen sind (zur Zeit sind solche von circa 15 Tons im Dienst), können bei der vorkommenden Maximalsteigung von 1:40 ein Zuggewicht von 50—60 Tons leisten.

Es werde also angenommen das Brutto-Zuggewicht betrage nur 50 Tons oder 1000 Centner. so beträgt. wenn man volle Ladung voraussetzt, die netto bewegte Last pro Zug, bei nachstehender Zugzusammensetzung:

1 Personenwagen für 24 Personen Eigengewicht
3 900 Kilogramm
²/₃ besetzt Ladung 1500 Kilogramm
1 Gepäckwagen für Stückgut u. Post Eigengewicht
2600 Kilogramm
Ladung 5000 Kilogramm
1 Gedeckter Güterwagen Eigengewicht 2500 Kilogramm
Ladung 5000 Kilogramm
4 Offene Güterwagen Eigengewicht 8000 Kilogramm
Ladung 20 000 Kilogramm
———————————
48 600 Kilogramm

d. h. es können also in einem derartigen Zuge gefahren

werden, abgesehen von dem regelmässigen Personen-, Post- und Stückgutverkehr,

Güter in gedeckten Wagen = 5000 Kilogramm
= 100 Centner
Güter in offenen Wagen = 20 000 Kilogramm
= 400 Centner
= 25 000 Kilogr. = 500 Cent.

oder in 4 Zügen täglich 100 000 Kilogramm = 2000 Centner oder, bei Annahme von 300 Tagen im Jahre, 30 000 000 Kilogramm oder 600 000 Centner, ein Quantum, wie es sobald für derartige Gegenden nicht vorkommt*; wenn man sich ferner vergegenwärtigt, dass dies ganze Güterquantum durch eine einzige Maschine befördert werden kann und dass eine solche einschliesslich Führer, Feuermann, Unterhaltung und Amortisation pro Jahr circa 12—15000 Mark im ungünstigsten Falle kostet, dann wird es klar, dass die Schmalspurbahnen, sobald sie einen nur leidlichen Verkehr haben, zu äusserst billigen Tarifen werden fahren können.

Ueber die Leistungsfähigkeit schmalspuriger Gebirgsbahnen mit Steigungen von 1:25 soll bei dem betreffenden Capitel über die Harzbahn noch Näheres ausgeführt werden.

VII. Spurweite der Schmalspurbahnen.

Sind die Ansichten über die Nützlichkeit der Schmalspurbahnen an sich schon sehr getheilt, so ist dies unter den Technikern fast noch mehr der Fall bezüglich der Spurweite.

Während die Einen 0,6 m (Festinoigbahn) für zweckmässig halten, treten Andere für 0,75 m und wieder Andere für 1 m Spur ein und dürften sich in dieser Beziehung die Ansichten noch geraume Zeit einander gegenüber stehen.

---

* Im Jahre 1880 sind gefahren 9 778 000 Kilogramm oder circa 195 560 Centner.

Der Verfasser ist der Ansicht, dass alle Spurweiten ihre Vorzüge und Nachtheile haben und dass es ganz allein von dem Zweck der Bahn abhängt, ob man ihr 0,6 m — 0,75 m — 1 m oder 1,435 m Spurweite geben muss.

Erscheint für Bergwerkszwecke, besonders unterirdische, die engste Spurweite passend, so dürfte für Industriebahnen mit scharfen Curven und geringer Fahrgeschwindigkeit sowie grösseren Längen diejenige von 0.75 m am Platze sein, während dort, wo es gilt schwerere Züge bei starken Steigungen zu fahren und wo auch auf den Personenverkehr Rücksicht zu nehmen ist, wo also die Züge mit möglichster Geschwindigkeit durchgeführt werden müssen. sich die Spurweite von 1 m empfehlen dürfte; für diejenigen Bahnen endlich, welche sich an das bestehende Verkehrsnetz durch ihren Verkehr anschliessen und zu demselben gehören, ist die normale Spurweite von 1,435 m gegeben.

Die „Grundzüge" u. s. w. unterscheiden zwei Spurweiten und zwar

0,75 m mit kleinstem Curvenradius von 50 Meter
1 m „ „ „ „ 80 „

Für beide Spurweiten ist die, ohne weitere Genehmigung zulässige, stärkste Steigung 1 : 25.

Diejenigen nun, welche der Ansicht sind, dass die Spurweite von 0,75 die zweckmässigste sei, gehen davon aus, dass einmal bei dieser Spur die Baukosten noch etwas geringer werden, wie bei 1 m, und dass man sich bei dieser engen Spurweite, da man Curven bis zu 50 m Radius anwenden kann, dem Terrain noch besser anschmiegen könne wie bei 1 m Spur; die Betriebskosten für beide Spurweiten dürften wohl nicht sehr verschieden sein.

Dem gegenüber sagen Diejenigen, welche die Spurweite von 1 m für die zweckmässigste halten, dass man in erster Reihe stabilere Fahrzeuge, besonders Locomotiven bauen, dass man ferner die Personenwagen bequemer construiren könne, und endlich, dass man, was für viele Fälle massgebend sein dürfte, bei einer Spurweite von 1 m im Stande sei den Locomotiven eine grössere Heizfläche zu geben, so dass man also mit grösserer Leistungsfähigkeit auch eine grössere Geschwindigkeit verbindet, wie dies bei 0,75 m Spurweite möglich ist.

Dieser letzte Grund dürfte besonders wichtig werden für längere Schmalspurbahnen, welche zugleich starke Steigungen haben, wie z. B. die circa 70 Kilometer lange Harzbahn, bei der 1:25 das Maximum ist; wollte man dieser Bahn die Spurweite von 0,75 m geben, so könnte man keine schwereren Locomotiven wie solche von 15 Tons (300 Centner) anwenden, welche in Steigungen von 1:25 bei 8—10 Kilometer Geschwindigkeit noch eine Bruttolast von 30 Tons (600 Centner) befördern können; bei 20 Kilometer als grösste zulässige Geschwindigkeit würde man also etwa eine mittlere Geschwindigkeit von 15 Kilometer erreichen, so dass bei 70 Kilometer Bahnlänge eine Fahrzeit von $4^3/_4$ Stunden, also mit Aufenthalt von mindestens 5 Stunden erforderlich wäre.

Dem gegenüber kann man bei 1 m Spur Locomotiven von 20 Tons (400 Centner) Gewicht bauen, die bei 12 Kilometer Geschwindigkeit noch eine Bruttolast von 40 Tons (800 Centner) befördern können; da man hierbei eine mittlere Geschwindigkeit von 18 Kilometer erreichen kann, so würde die Fahrzeit auf etwa 4 Stunden abgekürzt werden und was das für einen Einfluss auf den Betrieb hat, das möge aus Folgendem hervorgehen.

Bei 0,75 m, einer mittleren Geschwindigkeit von 15 Kilometer und 3 Zügen täglich in jeder Richtung wären an Zeit erforderlich, wenn man an den Endpunkten je einen Aufenthalt von $^3/_4$ Stunden rechnet, für einen Zug $5^3/_4$ Stunden also für $3 = 17^1/_4$ Stunde, eine Dauer, die schon allein das Personal nicht würde ertragen können, da es an solchen Tagen 18 Stunden im Dienst sein würde; dagegen sind bei 18 Kilometer mittlere Geschwindigkeit und 1 m Spurweite für 3 Züge erforderlich 14,25 Stunden, d. h. also 3 Stunden weniger.

Man würde also bei 1 m Spurweite, mit 2 Zügen im Dienst, die 3 Züge ganz gut fahren können, während man bei 0,75 m noch einen dritten Zug in Dienst stellen müsste, ausserdem leistet natürlich die schwerere Maschine mehr.

Thatsächlich sehen wir denn auch, dass bei allen Schmalspurbahnen, welche eine grössere Länge haben und bei denen der Personenverkehr von einiger Bedeutung ist, eine grössere Spurweite angewandt ist, wie bei den mehr industriellen Zwecken dienenden Bahnen, bei denen es auf grössere Geschwindigkeit nicht ankommt.

Es beträgt die Spurweite bei Schmalspurbahnen, welche dem Personen- und Güterverkehr dienen, in:

    Amerika — 0,916 m
    Indien — 1 m
    Russland — 1,067 m
    Australien — 1,067 m
    Norwegen — 1,067 m
    Schweden — 1,067 bis 1,219 m
    Italien — 0,95 m
    Oesterreich — 1,106 m
    Deutschland, Ocholt-Westerstede — 0,75 m
    Broelthalbahn — 0,785
    Feldabahn — 1 m

Dagegen für Industriebahnen in:

    Oesterreich — 0,75 bis 1 m
    Frankreich — 0,766 bis 1,10 m
    Griechenland — 1 m
    Deutschland, Oberschlesische — 0,785 m
    Saarbrücken — 0,725 m

Während also bei den Schmalspurbahnen, welche dem Personen- und Güterverkehr dienen, die Spurweite von annähernd 1 m die bei Weitem überwiegende ist, findet man bei Industriebahnen die engere Spur von 0,725 bis 0,785 häufiger.

Die technische Commission, welche in Italien vor einigen Jahren Seitens der Regierung zur Prüfung der Frage eingesetzt war, wie der weitere Ausbau des italienischen Eisenbahnnetzes am Zweckmässigsten zu erfolgen habe, sprach sich in ihrem Gutachten bekanntlich auch für Zulassung der Schmalspurbahnen aus.

Bezüglich der Spurweite kam die Commission zu dem Resultat, dass es einerseits wünschenswerth sei eine möglichst schmale Spur zu wählen, um die Vortheile derselben auszunutzen, dass man aber, mit Rücksicht auf den Bau der Betriebsmittel hierin auch nicht zu weit gehen dürfe.

Die Commission hat deshalb für Italien zwei Spurweiten empfohlen und zwar von 0,95 m und 0,70 m, indem sie dabei sagt, dass die Spurweite von 0,70 m nur dort anzuwenden sind, wo die Terrainverhältnisse dem Bau allzugrosse Schwierigkeiten in den Weg stellen und wo der Verkehr ein so unbedeutender ist, dass eine solche Verminderung ohne Weiteres zugelassen werden könne.

Der Engländer R. J. Fairlie,[*] der Erbauer der Festinoigbahn, die nur 0,62 m (2′ engl.) Spur hat und der zuerst in England die Idee der Schmalspurbahnen vertreten hat, muss sich wohl selbst von der zu engen Spur von 0,62 m überzeugt haben, da er bei seinen vielen, späteren Gutachten stets 1,067 m (3′ 6″ engl.) empfohlen hat.

Der Verfasser ist, wie schon erwähnt, der Ansicht, dass man keineswegs irgend eine der verschiedenen Spurweiten als die absolut beste hinstellen kann, sondern, dass der Zweck und die ganzen Verkehrs- sowie Terrainverhältnisse für die Wahl der Spurweite einer Schmalspurbahn massgebend sind.

VIII. Verschiedene Arten von Schmalspurbahnen.

In den grossen Ebenen Norddeutschlands wird man am ersten geneigt sein die Zweckmässigkeit der Anlage von Schmalspurbahnen zu bestreiten, da die Terrainschwierigkeiten geringe, somit auch die Baukosten niedrige sind. —

[*] Die richtige Praxis der Schmalspurbahnen von R. J. Fairlie, in's Deutsche übertragen von A. Brunner, Zürich 1873.

Ocholt-Westerstede.

Ein Beispiel dafür, dass aber auch dort unter Umständen die schmale Spur zweckmässig ist, giebt die kleine Ocholt-Westersteder Bahn im Grossherzogthum Oldenburg, die am 1. September 1876 eröffnet wurde.

Diese 7 Kilometer lange Bahn mit einer Spurweite von 0,75 m. hat stärkste Steigungen von 1 : 200 und geringste Curvenradien von 250 m, so dass sie also in dieser Beziehung dieselben Verhältnisse hat, wie die normalspurigen Sekundärbahnen.

Wenn trotzdem sich die schmale Spur als zweckmässig erwiesen hat, so ist dies der beste Beweis dafür, dass selbst in ganz ebenem Terrain die Verkehrsmenge so gering sein kann, dass die Anlage von Schmalspurbahnen deshalb als rationell bezeichnet werden muss, weil bei diesen, wo Bau- und Betriebskosten ein Minimum sind, eine Verzinsung des Baukapitals zu erreichen ist, während dies bei Anlage einer normalspurigen Bahn nicht mehr erwartet werden kann.

Die Ocholt-Westersteder Bahn kostet einschliesslich Grunderwerb und Betriebsmittel, 27,829 Mark pro Kilometer und hatte im Jahre 1880[*] pro Jahr und Kilometer 1065,39 Mark Betriebskosten bei einer Leistung von

    28 824 Personen
    40 560 Centner Güter
       850 „ Gepäck
       450 Stück Vieh.

Das verwendete Anlagekapital hat sich dabei mit 2,9% verzinst.

Es ist wohl einleuchtend, dass für derartige geringe Verkehrsmengen eine, wenn auch noch so einfach gebaute, normalspurige Sekundärbahn unzweckmässig sein würde, ganz abgesehen davon, dass sie den örtlichen Interessen nicht so gut dienen würde, wie die Schmalspurbahn, sobald sich engere Curven nöthig machen.

---

[*] Siehe Sekundärbahnzeitung vom 9. Mai 1881. Artikel von Buresch.

Dem Verfasser sind eine ganze Reihe von Beispielen bekannt, wo für landwirthschaftliche Zwecke die Anlage derartiger Bahnen sehr nützlich sein und bei denen sich auch das Anlagekapital sehr gut verzinsen würde.

Da man sich aber nicht von der Idee der grossen „Eisenbahn" trennen kann, kommen derartige Projecte nicht weiter und die Gegend leidet immer mehr.

Am billigsten wird die Anlage von Schmalspurbahnen sich gestalten, wenn es möglich wird eine vorhandene Strasse zu benützen, was auch deshalb zweckmässig ist, weil die Ortschaften, Etablissements u. s. w. meistens entweder an der Strasse oder in deren Nähe liegen. *Schmalspurige Strassenbahnen.*

Auffallend ist es, dass, trotzdem die für einfache Verhältnisse als Muster dienende Broehlthalbahn seit 1862 im Betriebe ist, man den ihr zu Grunde liegenden Gedanken nicht weiter verfolgt hat, wenn sie auch anfangs mit Pferden betrieben wurde und lediglich industriellen Zwecken diente (Personenverkehr wurde erst 1872 eingeführt).

Man kann sich dies wohl nur dadurch erklären, dass zu der Zeit bei uns das Bedürfniss nach Hauptbahnen noch zu vorwiegend war, als dass man derartige Bestrebungen richtig hätte zu schätzen verstanden und ferner dadurch, dass, seitdem die Dampfmaschine construirt war, man immer noch sich bemühte eine Strassenlocomotive ohne Schienenunterlage herzustellen.

Dass aber alle derartigen Bestrebungen, deren jüngstes Glied die Bollée'sche Dampfkutsche ist, keine grosse Aussicht auf Erfolg haben, geht wohl am Besten aus den nunmehr seit länger wie 100 Jahren vergeblich gemachten Anstrengungen hervor und liegt der Grund darin, dass zur regelmässigen Bewegung auch nur geringer Lasten eine Schienenunterlage nicht wohl entbehrt werden kann. *Strassen Locomotiven.*

(Der Vortheil der Eisenbahnen beruht sowohl in der Anwendung der Dampfkraft zur Ueberwindung der Widerstände, welche sich der Bewegung der Fuhrwerke entgegenstellen, als auch in der Herabminderung dieser Widerstände selbst durch Schaffung der Schienenunterlage).

Broelthalbahn. Die Broeblthalbahn, welche eine Spurweite von 0,785 m, eine Länge von 32 Kilometer, Curven bis zu 34 m Radius und Steigungen bis 1 : 51 hat, kostet pro Kilometer 22 905 Mark; die Bahn ist seit 1862 in Betrieb und liegt auf einer Strasse von 7,5 m Breite.

Trotzdem die Bahn mit Dampf betrieben wird, ist noch in keiner Weise ein Unglück vorgekommen, ebensowenig wie dadurch, dass die Bahn durch mehrere Ortschaften hindurch geht.

Die normale Geschwindigkeit beträgt 15 Kilometer pro Stunde und in den Ortschaften und scharfen Curven 7—8 Kilometer.

Näheres siehe Heusing. v. Waldegg, Handbuch der speciellen Eisenbahntechnik. Bd. V.

Ueber die Betriebsverhältnisse der Broelthalbahn in den Jahren 1878 und 1879 verdankt der Verfasser der Freundlichkeit des Herrn Betriebs-Inspectors Saling in Hennef die nachfolgenden Angaben:

Im Jahre 1878 wurden im Ganzen 668 Fahrten ausgeführt und befördert zusammen:

    27 420 184 Kilogramm Güter
    34 658 Personen.

An Einnahme wurde erzielt:

    a) aus dem Güterverkehr . . . M. 72 922,28
    b) aus Post- u. Personenverkehr „ 22 089,73

                       Summa M. 95 012,01

Die gesammten Betriebsausgaben betrugen: M. 63 568,01, es wurde somit ein Ueberschuss erzielt von: M. 31 444.

Die mittlere Transportlänge der Güter betrug 22,9 Kilometer, es wurden gefahren zusammen 624 279,50 Tonnen-Kilometer und verursachte der Tonnenkilometer 7,3 Pfg. Ausgaben, während dafür an Einnahmen 11,31 Pfg. erzielt wurden.

Es wurden gefahren:

    Aufwärts 432 429,6 Tonnenkilometer
    Abwärts 191 849,9   „

Die 34658 beförderten Personen legten zurück zusammen 480150,3 Kilometer und zahlte im Mittel die Person 0,607 Mark.

Im Jahre 1879 wurden im Ganzen 674 Fahrten ausgeführt und befördert zusammen

28 679 730 Kilogramm Güter
31 004 Personen

An Einnahme wurde erzielt

a) aus dem Güterverkehr . . . M. 75218,83
b) aus Post- u. Personenverkehr „ 21555,84

Summa M. 96774,67

Die gesammten Betriebsausgaben betrugen M. 64695,89 es wurde somit ein Ueberschuss erzielt von M. 32078,78.

Die mittlere Transportlänge der Güter betrug 22,6 Kilometer, es wurden zusammen gefahren 647480,1 Tonnen-Kilometer und verursachte der Tonnenkilometer 7,8 Pfg. Ausgaben, während dafür an Einnahme 11.02 Pfg. erzielt wurden.

Es wurden gefahren

Aufwärts 429499,6 Tonnenkilometer
Abwärts 217890,5 „

Die 31004 beförderten Personen legten zurück 441271.2 Kilometer und zahlten im Mittel die Person 0,623 Mark.

Der Betriebspark besteht aus: 4 Locomotiven, 7 Personenwagen, 56 Gepäckgüterwagen.

In den Jahren 1878 und 1879 waren durchschnittlich im Dienste: 3 Locomotiven, 5 Personenwagen, 52 Güterwagen.

Die Personenwagen fassten 14 Personen, die Güterwagen haben sämmtlich eine Tragfähigkeit von 5000 Kilogr. (100 Centner).

Das neueste Beispiel ist die Feldabahn im Eisenacher Oberland, die allerdings insofern keine reine Strassenbahn ist, als die starken Steigungen der Chaussee sowie die Lage der Ortschaften oft zum Verlassen der Chaussee zwangen.

Das Project der Feldabahn wurde im Jahre 1877 vom Verfasser angeregt und bearbeitet und übernahm, nachdem die

Grossherzogliche Staatsregierung sich bereit erklärte (unter Zustimmung des Landtages) das gesammte Baucapital herzugeben, nicht aber Bau und Betrieb selbst auszuführen, die Locomotivfabrik Krauss und Comp. in München Bau und Betrieb der Bahn.

Feldabahn.   Unter der Oberleitung des Verfassers wurde der Bau im Sommer 1878 begonnen und in Folge des sehr ungünstigen Wetters erst am 1. Juli 1880 beendet, während einzelne Theilstrecken schon im Jahre 1879 eröffnet waren.

Der Zweck der Feldabahn ist, das Eisenacher Oberland, jene arme Rhöngegend, welche zwischen Werrabahn und Frankfurt-Bebra liegt und durch welche zum Theil früher (Geysa-Buttlar-Vacha) die alte Handelsstrasse von Frankfurt a/M. nach Leipzig führte, die aber seit der Erbauung der Eisenbahnen mit jedem Jahre mehr zurückging, wieder zu beleben resp. ihr wenigstens die Möglichkeit einer besseren Entwicklung zu bieten.

Ein früher aufgestelltes Project einer normalspurigen Sekundärbahn von Salzungen nach Vacha, der Kilometer war zu 85 000 Mark veranschlagt, konnte nicht realisirt werden und erst als der Verfasser im Jahre 1877 das Project einer schmalspurigen Strassenbahn aufstellte war die Möglichkeit der Ausführung gegeben, da der Kilometer zu circa 28 000 Mark veranschlagt war; trotz der anfänglichen Abneigung der Bewohner, anfangs auch der Regierung, fand das Project immer mehr Anhänger und jetzt, kaum 1 Jahr nach der Vollendung, ist die Bahn oder „das Bähnchen" schon ganz populär geworden.

Die Feldabahn ist circa 44 Kilometer lang, hat 1 m Spurweite, Steigungen bis 1 : 40 und kleinste Curven bis zu 80 m (thatsächlich sind geringere Radien vorhanden); zu etwa $^2/_3$ der Länge liegt die Bahn auf der Strasse, während $^1/_3$ Neubaustrecken sind.

Die zum Theil gebirgige Gegend hat verhältnissmässig bedeutende Arbeiten veranlasst, nämlich circa 150 000 cbm. Erdarbeiten, circa 30 Stück kleinere Brücken und Durchlässe bis zu 5 m Weite, eine Brücke von 10 m Weite mit Blechwandträgern, eine von 20 m Weite über die Felda bei Dorndorf mit Schwedler-Trägern und eine von 27,5 m Weite über die Felda bei Lengsfeld mit Fachwerksträgern und Parallelgurtungen, ausserdem kommen bei Dermbach circa 200 m Futtermauern vor.

Die Bahnhofsgebäude sind zum Theil in Fachwerk, zum Theil massiv in einfacher solider Weise ausgeführt und ist in jedem Gebäude eine Wohnung für den Beamten vorhanden.

Für den Oberbau ist das Hartwich'sche System gewählt, wie es auf Tafel VII gezeichnet ist; auf den Neubaustrecken liegen zur Zeit in 1 m Entfernung hölzerne Zwischenschwellen; auf der Chaussee dagegen zum Theil nur eichene Stossschwellen, zum Theil aber gar keine Schwellen.

Das System hat sich bis jetzt sehr gut bewährt, namentlich die Strecken ohne Stossschwellen, da hier ein gleichmässigeres Setzen möglich ist. — Die Lage des Geleises ist, trotz der vielen zum Theil sehr scharfen Curven, eine sehr gute und hat sich sowohl im Winter wie auch bei dem anhaltenden Regenwetter der Jahre 1879 und 1880 sehr gut gehalten.

Allem Anschein nach dürfte ein Theil der Bedenken, die gegen das Hartwich'sche Oberbau-System vorhanden sind, durch die Erfahrungen auf der Feldabahn beseitigt werden.

An Betriebsmitteln, sämmtlich aus der Locomotivfabrik von Krauss und Comp., sind vorhanden: 3 Stück Tendermaschinen, die ein Gewicht von circa 15 Tons im Dienst haben (vorgesehen sind solche von 20 Tons) sodann Güterwagen, welche für Post- und Stückgüter bestimmt sind, gedeckte Güterwagen, offene Güterwagen, unter denen Wagen für Langholz mit Drehschemeln, sowie Wagen für Basalt und Personenwagen.

Letztere nach amerikanischem System mit 24 Sitzplätzen.

Zur Zeit sind vorhanden:

3 Stück Tenderlocomotiven
3 „ Güterwagen für Post- und Stückgut

6 Stück gedeckte Güterwagen
10   „   offene Güterwagen
2   „   „   Basaltwagen
6   „   Personenwagen à 24 Personen

und zwar 6 Plätze II. Classe und 18 III. Classe, oder 12 Plätze II. und 12 Plätze III. Classe, oder 24 Plätze III. Classe; sämmtliche Güterwagen haben 5000 Kilogramm Ladefähigkeit.

Die Gewichte betragen:
Personenwagen für 24 Personen = 3900 Kilogramm
gedeckte Güterwagen für 5000 Kilogramm Ladung
= 2500 Kilogramm
offene Güterwagen für 5000 Kilogramm Ladung
= 2000 Kilogramm.

Der Betrieb ist in folgender Weise organisirt: nachdem der Verfasser, der bis zur Beendigung des Baues an der Spitze stand, von der Verwaltung zurückgetreten ist, findet die Oberleitung direct von München aus statt, (den Betrieb haben Krauss u. Comp. auf 12 Jahre übernommen) während ein kaufmännischer Beamter die Leitung der Geschäfte in Dermbach besorgt; ihm zur Seite steht ein Bahnverwalter, der im Wesentlichen die Functionen eines Bahnmeisters besorgt; den Dienst auf den Stationen besorgen Bahnexpedienten, denen nach Bedürfniss Arbeiter zur Hülfeleistung gegeben werden.

Den Billetverkauf, sowie den Güterdienst im Zuge und das Bremsen besorgen Zugführer, von denen je einer im Zuge sich befindet; diese, sowie die Feuerleute und Bahnhofsbeamten besorgen gemeinschaftlich das Ein- und Ausladen der Güter; in Salzungen, wo die Bahn an die Werrabahn anschliesst, ist eine besondere Colonne von 4 Arbeitern vorhanden, welche das Umladen besorgt.

Den Maschinendienst versehen Locomotivführer und Feuerleute von denen einer zugleich die Revisionen der Betriebsmittel sowie deren Reparaturen zu besorgen hat.

Der in dieser Weise mit ganz elementaren Kräften organisirte Betriebsdienst hat bis jetzt ganz exact und präcis functionirt; eine grosse Erleichterung ist der für Bahnzwecke selbstständig angelegte electrische Telegraph und ist dieser, besonders bei dem zum Theil noch geringen Wagenpark, sehr wichtig.

Täglich werden in jeder Richtung 2 Züge gefahren und ist bis jetzt, weder bei der Durchfahrt durch die Ortschaften noch Abends in der Dunkelheit, noch beim Begegnen von Zugthieren, irgend ein Unfall passirt.

Im Jahre 1880 (die Strecke Dermbach-Kaltennordheim wurde erst am 1. Juli v. J. eröffnet) sind nun im Ganzen befördert worden:

9 785 670 Kilogramm Güter
131 Stück Vieh

und Billets sind verkauft:

II. Classe	2 248	Stück
III. „	26 651	„
Ergänzungs-Billets	25 180	„
	54 079	Stück.

Die Gesammteinnahme betrug, einschliesslich des Beitrages der Post, welche jährlich 6000 Mark zahlt und dafür in den betreffenden Wagen einen 2 m langen Raum inne hat, zusammen 70 219 Mark 6 Pfg. oder pro Kilom. 1823,65 Mark.

Die Betriebsausgabe dagegen, soweit sie zur Zeit festgestellt ist, beträgt pro Kilometer circa 1700 Mark, einschliesslich 100 Mark pro Kilometer für Erneuerungsfonds.

Wenn auch, da die Bahn noch nicht in ihrer ganzen Länge eröffnet war und gerade der Endpunkt Kaltennordheim noch sehr günstig auf die Einnahme einwirken wird, die vorstehenden Zahlen noch kein klares Bild von der Verkehrsentwicklung geben können, so ist das Resultat, dass der Betriebspächter bereits im ersten Jahre einen, wenn auch kleinen, Ueberschuss hatte, ein geradezu überraschendes gewesen und es ist damit auf das Schlagendste dargethan, dass selbst in so verkehrsarmen Gegenden, wie die Rhön es ist, ein regelmässiger Eisenbahnbetrieb möglich ist, wenn alle unnützen Ausgaben bei Bau und Betrieb vermieden werden.

Dass ähnliche Strassenbahnen unter viel günstigeren Verhältnissen an sehr vielen Stellen möglich sind, davon hat der Verfasser Gelegenheit gehabt sich im Laufe der letzten Jahre zu überzeugen und werden ja auch zur Zeit derartige Projecte in den verschiedensten deutschen Staaten verfolgt.

Dass es gerade Schmalspurbahnen sind, welche sich besonders gut zur Benutzung von Strassen und Wegen eignen, hat seinen Grund darin, dass einmal die nicht so sehr breiten Betriebsmittel den Strassenraum für Fuhrwerk nicht so beschränken (siehe Tafel VII) und dann, dass meistens bei Strassen auch schärfere Curven vorkommen, denen man mit der Schmalspur besser folgen kann, wie mit normaler Spur; in den meisten Fällen wird auch der Verkehr nur eine derartige Grösse haben, dass die leichten Personen- und Güterwagen, wie sie bis jetzt für Schmalspurbahnen zur Ausführung gekommen sind, in jeder Weise ausreichen.

Schmalspurbahnen im Gebirge. Von ganz besonderer Bedeutung dürfte die Herstellung schmalspuriger Bahnen für gebirgiges Terrain werden, denn hier treten so recht deutlich die Vortheile derselben, gegenüber den Normalbahnen hervor, indem einerseits die Anlage schmalspuriger Bahnen im Gebirge deshalb rationeller und zweckmässiger ist, wie die Herstellung noch so einfacher, normalspuriger Bahnen, weil man unter Anwendung der scharfen Curven und starken Steigungen diese Bahnen fast in alle Seitenthäler und zwar in deren Thalsohle führen kann wo sich meistens die Ortschaften, Etablissements, Wasserkräfte u. s. w. finden und indem anderseits der Bau und Betrieb solcher Schmalspurbahnen im Gebirge ganz erheblich billiger ist, wie der normalspurigen Bahnen.

Der Zweck normalspuriger Bahnen ist immer nur der, die Wagen der Hauptbahnen, wenn auch nur der Wagenladungsgüter, überführen zu können und dies bedingt wieder, dass weder zu scharfe Curven (unter 200 m Radius), noch zu starke Steigungen (über 1:40) angewandt werden, da sonst sowohl wegen des grossen Radstandes der Wagen der Hauptbahnen nur ein geringer Theil derselben übergehen kann, sowie ferner stärkere Steigungen wie 1:40, nach der Bahnordnung § 24. eine so grosse Anzahl von Bremsen nöthig machen, dass auch aus diesem Grunde eine Menge Wagen nicht brauchbar wären.

Da nun aber im Gebirgsterrain meistens die Anwendung stärkerer Steigungen wie 1:40 nothwendig und schärferer Radien wie 200 m wünschenswerth ist, sofern eine derartige Bahn in der That auch ihren Zweck — die localen Verkehrsverhältnisse zu verbessern — erfüllen soll, so folgt schon hieraus, dass den wirthschaftlichen Interessen eines Gebirges mit normalspurigen Sekundärbahnen nicht gedient sein kann, sondern, dass allein die Schmalspurbahnen im Stande sind, eine gründliche Besserung derartiger Verkehrszustände herbeizuführen.

In der That sehen wir denn auch, dass dort, wo Hauptbahnen bei uns durch das Gebirge geführt sind, man keine stärkeren Steigungen wie 1:40 (meistens sogar erheblich geringere) und keine schärferen Curven wie solche von 400 m Radius angewandt hat, dass aber trotzdem der Betrieb noch ein sehr theuerer ist; da andererseits der Localverkehr meistens zu gering ist, um eine auch nur bescheidene Verzinsung des hohen Baukapitals zu ermöglichen, so war man dort, wo man ein Gebirge durchschneiden musste, gezwungen den Durchgangsverkehr hinzuleiten; **für die localen Verkehrsinteressen haben deshalb die wenigen Gebirgsbahnen, die wir besitzen, so gut wie gar keinen Werth** und die Folge davon ist, dass unsere Gebirge, welche zum Theil früher eine blühende Industrie hatten, mit dem Ausbau unserer Eisenbahnen immer mehr in ihrer Entwicklung und ihrem Wohlstande zurückgegangen sind.

Die vorstehend kurz angedeuteten Gesichtspunkte sollen an der Hand des nachstehenden Beispieles, das der Verfasser kürzlich speciell bearbeitet hat, noch näher erörtert und deren Richtigkeit noch präciser nachgewiesen werden.

Schmalspurbahn-Project durch den Harz, Quedlinburg-Nordhausen. Siehe Tafel I., II., III.

Bekanntlich sind alle seit 30 Jahren und länger aufgestellten Projecte, eine Bahnverbindung durch den Harz zu führen, stets an den hohen Baukosten gescheitert und selbst die Preussische Regierung liess noch vor wenigen Jahren das Theilstück Ermsleben-Nordhausen der Bahn Berlin-Wetzlar durch das Selkethal, fallen, angeblich weil die Kosten zu hoch waren.

Auch alle anderen, früheren Versuche, mit einer Bahn in den Harz einzudringen, sind aufgegeben und selbst die schon so lange projectirte Harzgürtelbahn, am Fusse des Harzes, ist noch nicht zur Ausführung gekommen.

Als der Verfasser im vorigen Sommer von Interessenten der Gegend befragt wurde, ob er überhaupt eine Bahnverbindung von Quedlinburg nach Nordhausen für möglich halte, erklärte derselbe, nach Prüfung der Verhältnisse, dass nur eine Schmalspurbahn im Stande sei dem hier vorhandenen Bedürfniss mit Erfolg abzuhelfen, nicht aber eine normalspurige Sekundärbahn; da jedoch die Königl. Preussische Regierung wenig geneigt war eine Schmalspurbahn zu concessioniren, so wurde das Project der Art bearbeitet, dass Normal- und Schmalspur mit einander verglichen wurden und sollen die Resultate dieser Arbeit hier kurz wieder gegeben werden.

Eine normalspurige **Hauptbahn** kam überhaupt nicht in Frage, da die Kosten einer solchen zu bedeutend sein würden und diese ausserdem, in Folge ihrer Höhenlage im Gebirge, für die localen Verkehrsverhältnisse nur von geringem Nutzen wäre.

Die vom Verein Deutscher Eisenbahn-Verwaltungen 1876 herausgegebenen „Grundzüge für die Gestaltung von Sekundären Eisenbahnen" unterscheiden nun zwei Arten normalspurige Sekundärbahnen und zwar ist diejenige Art, welche Geschwindigkeiten von 12 bis 30 Kilometer pro Stunde und Curvenradien bis zu 150 m zulässt, gewählt, nur mit dem Unterschiede, dass die stärkste Steigung 1 : 25

anstatt 1 : 40 ist, weil dies die Terrainverhältnisse erfordern.

Es ist also eine normalspurige Sekundärbahn mit 150 m Minimalradius, 1 : 25 Maximalsteigung und 20 Kilometer pro Stunde Maximalgeschwindigkeit mit einer Schmalspurbahn von 1m Spurweite, 80m engstem Curvenradius, im Uebrigen aber den gleichen Verhältnissen verglichen worden.

Hierbei möge bemerkt werden, dass die sämmtlichen Aufnahmen mit dem Tachymeter gemacht sind, dass für die Gebirgsstrecken Horizontalpläne angefertigt, dass ferner sämmtliche Nivellements- und Situationspläne im Maassstabe von 1 : 2500 angefertigt sind, so dass die Arbeit als eine für derartige Zwecke sehr genaue bezeichnet werden muss.

Das Resultat war nun folgendes:

Es ist veranschlagt der Kilometer Schmalspurbahn mit Grunderwerb und Betriebsmitteln:

zu 40 623 Mark

wogegen der Kilometer Normalspurbahn:

zu 65 844 Mark.

Während bei der Schmalspur überhaupt kein Tunnel nöthig ist, werden bei Normalspur allein circa 720 m Tunnel nöthig, ausserdem natürlich viel mehr grössere Bauwerke u. s. w.

Wichtiger jedoch, wie die höheren Baukosten, dürften folgende Betrachtungen sein.

Nach § 24 der „Bahnordnung für deutsche Eisenbahnen von untergeordneter Bedeutung vom 12. Juni 1878", muss bei Steigungen, welche stärker wie 1 : 40 sind, die Hälfte der Räderpaare gebremst werden können, während ferner nach § 63 der „Grundzüge" für Curven von 150m Radius der grösstzulässigste Radstand = 3,5 ist, (nach neueren Bestimmungen sollen sowohl offene wie gedeckte Güterwagen der Preussischen Staatsbahnen 4m Radstand erhalten und gilt dann bei Radien unter 180m die Betriebssicherheit als gefährdet).

Da nun überhaupt nur 25 bis 30% der Güterwagen mit Bremsen versehen sind und da ferner fast alle gedeckten Güterwagen, sowie sämmtliche dreiachsige Wagen einen grösseren Radstand wie 3,5 m haben, so würden alle diese vom Uebergange auf die projectirte Bahn ausgeschlossen bleiben.

Wollte man aber wirklich auch 200 oder 250 m als kleinsten Radius nehmen, so würden immer noch eine ganze Reihe von Wagen vom Uebergange ausgeschlossen bleiben, ganz abgesehen davon, dass die Baukosten durch Anwendung derartiger Curvenradien erheblich grösser werden.

Es folgt also aus vorstehenden Betrachtungen, dass für Sekundärbahnen, bei denen stärkere Steigungen wie 1 : 40 und schärfere Curven wie solche mit 150 oder 200 m Radius vorkommen, nicht alle Wagengattungen brauchbar sind, d. h. also, dass, selbst wenn man derartigen Bahnen einen so starken Oberbau geben wollte, dass die Locomotiven der Hauptbahnen übergehen könnten, (wodurch die Kosten wieder erheblich steigen würden) sie dennoch weder für Zwecke der Landesvertheidigung brauchbar sind, da die Militärzüge, bei denen alle möglichen Wagengattungen verwandt werden, nicht durchgeführt werden können, noch für den Durchgangsverkehr, da auch die grossen Güterzüge, in denen sich die verschiedensten Wagengattungen befinden, nicht durchgeführt werden können.

Für das vorliegende Project, wo Steigungen von 1 : 25 resp. 1 : 30 auf grössere Längen (circa 24 Kilometer), wo ferner Curven unter 200 Meter Radius in grösserer Anzahl vorkommen, kann von dem Nutzen einer solchen normalspurigen Sekundärbahn für militärische Zwecke oder für den Durchgangsverkehr deshalb gar keine Rede mehr sein, da sowohl ein Umrangiren, wie sogar, für Wagen mit ganz grossen Radständen, ein theilweises Umladen stattfinden müsste.

Eine derartige normalspurige Sekundärbahn würde ganz allein dem Localverkehr dienen, wie die Schmalspurbahn auch, sie würde aber nicht nur einige Millionen Mark mehr im Bau kosten, sondern, selbst wenn man annehmen wollte, die Betriebskosten wären nicht höher, würde dieselbe auch nicht den Nutzen für die von ihr durchzogene Gegend haben, da sie sich nicht so sehr den Ortschaften und Etablissements nähern kann, wie die Schmalspurbahn.

Als einziger Vortheil einer solchen normalspurigen Sekundärbahn würde sich eine um circa 2,1 % geringere Länge der Linie ergeben, sowie ferner, dass einzelne Wagenladungsgüter direct übergehen können, während die Mehrzahl der Güter umgeladen werden muss.

Der Verfasser ist deshalb der Ansicht, dass es, da

1. eine solche normalspurige Sekundärbahn mit Steigungen stärker wie 1:40 und Curven unter 200 m Radius, für strategische Zwecke nicht mehr Werth hat, wie eine Schmalspurbahn,
2. eine solche Bahn auch für allgemeine Verkehrsinteressen keinen grösseren Werth hat, wie eine Schmalspurbahn,
3. die Baukosten derselben ganz bedeutend höher sind, wie die einer Schmalspurbahn,
4. die Betriebskosten derselben höher sind, wie die einer Schmalspurbahn,
5. eine solche Bahn den Verkehrsinteressen der von ihr durchzogenen Gegend nicht so gut dient, wie eine Schmalspurbahn,
6. als alleiniger Vortheil der Normalspur sich nur ergiebt, dass einige Gattungen Wagenladungsgüter direct übergehen können,

dass es aus diesen Gründen sowohl technisch wie besonders aber volkswirthschaftlich falsch sein würde eine derartige normalspurige Sekundärbahn herzustellen.

Sobald es sich um stärkere Steigungen und schärfere Curven handelt, wie dies in jedem gebirgigen Terrain mehr oder minder der Fall sein wird, verliert die Normalspur für locale Verkehrsinteressen ihren Werth und ist allein die Schmalspurbahn im Stande mit Erfolg Abhülfe zu schaffen; die Normalspur ist im Gebirgsterrain nur zweckmässig, wenn die Bahn den Character der Hauptbahn annimmt, dann werden aber einerseits die Bau- und Betriebskosten so bedeutend, dass dies für die meisten Fälle ausschlaggebend sein wird, anderseits verliert die Bahn, in Folge der durch die Trace gegebenen ungünstigen Lage im Gebirge, ihren Werth für die localen Interessen fast vollständig; der Fall endlich dürfte sehr selten sein, dass der Localverkehr einer gebirgigen Gegend so bedeutend ist, dass er nicht mit Erfolg von einer Schmalspurbahn bewältigt werden könnte.

Beachtet man ferner noch die im Capitel 4 erörterten Fragen, so dürfte es zweifellos sein, dass principiell für die wirthschaftliche Erschliessung des Harzes eine Schmalspurbahn besser sorgt wie eine normalspurige Bahn.

Die Verhältnisse der Schmalspurbahn von 1 m Spurweite mit kleinsten Curvenradien von 80 Meter und stärksten Steigungen von 1:25 gestalten sich dagegen im vorliegenden Falle folgendermassen:

Der zur Zeit vorhandene Verkehr lässt sich, mit täglich 2 resp. 3 Zügen in jeder Richtung und 2 Maschinen im Dienst, bequem bewältigen und brauchen nur entsprechend mehr Züge eingelegt zu werden, wenn der Verkehr, wie dies bestimmt angenommen werden kann, sich im Laufe der Jahre hebt.

Zur Verzinsung des ganzen Baukapitals von 3 000 000 Mark mit 5°/₀ genügt eine Einnahme von circa 4600 Mark pro Jahr und Kilometer, die bei einer Einwohnerzahl von 70 000, einschliesslich Nordhausen und Quedlinburg, deren natürlicher Geschäftsbezirk gerade in der von der Bahn durchzogenen Gegend liegt, sehr wohl erwartet werden kann.

Eine solche Schmalspurbahn würde 16 Ortschaften direct berühren und auch die Möglichkeit bieten, industrielle Etablissements, Steinbrüche, abgelegene Forstdistricte direct zu erreichen, was mit einer normalspurigen Bahn in gleicher Weise nicht zu ermöglichen ist.

Was in den vorstehenden Ausführungen für die projectirte Harzbahn gilt, dürfte im Grossen und Ganzen auch für alle anderen gebirgigen Gegenden Deutschlands gelten und es ist, im Interesse dieser Gegenden, deren ganze wirthschaftliche Lage immer misslicher wird, dringend zu wünschen, dass Seitens der betreffenden Regierungen* die Frage der Herstellung von Schmalspurbahnen eingehend erörtert und in Erwägung gezogen wird.

Eine derartige Schmalspurbahn ist in der Schweiz seit 1875 im Betriebe, nämlich die Bahn von Winkeln nach Appenzell; sie hat 1 m Spurweite, Steigungen bis 1 : 28, Curven bis zu 80 m Radius und kostete circa 120 000 Fr. pro Kilometer.

Die Bahn dient dem Personen- und Güterverkehr und hat eine Länge von 29 Kilometer. — Das äusserst schwierige Terrain erforderte grosse Erdarbeiten und viele Bauwerke, so dass aus diesem Grunde die Baukosten sehr hoch wurden. Winkeln-Appenzell.

Die Geschwindigkeit beträgt 20 Kilometer im Mittel.

Ein sehr interessantes Beispiel einer solchen schmalspurigen Gebirgsbahn ist die Colorado-Central-Eisenbahn** resp. deren Strecken von Golden Junction bis Farks Creek nebst Zweigbahnen in einer Länge von 45 Kilometer.

Diese Bahn hat 0,916 m Spurweite, engste Curven mit einem Radius von 40 m, stärkste Steigungen von 1 : 25 (mehrere Kilometer lang) und wird mit einer mittleren Geschwindigkeit von 20 Kilometer pro Stunde befahren. Colorado-Centralbahn in Amerika.

Das schwierige Terrain machte bedeutende Erdarbeiten nöthig; Brücken sind von Holz ausgeführt.

Oberbau auf hölzernen Querschwellen aus circa 16 Kilogramm schweren Stahl- resp. 20 — 25 Kilogramm

---

* Die herzogliche Anhalt'sche Regierung hat sich bereits für Herstellung der projectirten Schmalspurbahn Quedlinburg - Nordhausen ausgesprochen.

** Siehe Bartels, Schmalspurbahnen in Amerika, Berlin, 1878.

schweren Eisenschienen ist gut ausgeführt und auf starkem Schotterbett verlegt. vor den Schwellenköpfen aber oft kein Schottermaterial.

Locomotiven wiegen mit Tender 21 - 22,5 Tons und ziehen 65 Tons mit 15 — 20 Kilometer pro Stunde Geschwindigkeit in Steigungen von 1 : 25 und Curven bis ausnahmsweise zu 26 m.

Personenwagen nach amerikanischem System mit 36 Sitzplätzen wiegen 7,5 Tons; ausserdem sind Post- und Gepäckwagen sowie Kohlenwagen, bedeckte Güterwagen. die 5 Tons wiegen und 8,5 Tons laden u. s. w.

Der Betrieb wird, ohne jede Bahnbewachung, in der allereinfachsten Weise ausgeführt.

Schmalspurbahnen in Queensland.
Sehr interessant sind ferner die Schmalspurbahnen in Australien, welche mit grossen Terrainschwierigkeiten zu kämpfen gehabt haben, da dieselben zwei Gebirgszüge von 250 resp. 400 Meter Höhe mit vielen Schluchten zu überschreiten hatten.

Auch hier war erst ein langer Kampf wegen der Spurweite bis es dem Oberingenieur der Bahn, Fitzgibbon gelang die Vortheile der schmalen Spurweite 1,067 m (3′ 6″ engl.) klar darzulegen.

Es sind im Ganzen circa 500 Kilometer derartige Schmalspurbahnen im Betriebe, welche eine Einnahme pro Kilometer von circa 4500 Mark haben und deren Betriebskosten annähernd 3000 - 3500 Mark betragen.

Schmalspurige Industriebahnen.
Am meisten angewandt finden wir die Schmalspurbahnen für industrielle Zwecke, aber auch für solche Fälle in Deutschland noch in sehr beschränkter Weise, da bis jetzt nur die Oberschlesischen Schmalspurbahnen mit einer Länge von 102 Kilometer und die Saarbrücker, Gerhard-Prinz-Wilhelm-Bahn von 4 Kilometer Länge sowie ein paar in Privatbesitz befindliche Bahnen mit schmaler Spur ausgeführt sind, von den eigentlichen Bergwerksbahnen, auf denen der Betrieb von Menschenhänden besorgt wird, natürlich abgesehen.

Oberschlesische Schmalspurbahnen
Die Oberschlesischen Schmalspurbahnen, welche in den Jahren 1853 in Betrieb kamen und die zur Verbindung

der oberschlesischen Gruben und Hütten mit der Hauptbahn dienten, sind anfangs der Art betrieben, dass die Hauptstrecken mit Locomotiven und die Nebenstrecken mit Pferden betrieben wurden; Anfang der 60er Jahre wurde jedoch der Locomotivbetrieb ganz abgeschafft und nur noch mit Pferden gearbeitet; 1875 wurde aber der Betrieb mit Pferden wieder abgeschafft und werden seitdem sämmtliche Strecken mit Locomotiven betrieben.

Die Bahnen haben eine Spurweite von 0,785 m. Steigungen bis 1:30, Curvenradien auf der freien Strecke 75 m, in den Abzweigungen bis zu 15 m.

Die Baukosten haben circa 101 000 Mark per Kilometer betragen.

Die Saarbrücker Schmalspurbahn gehört dem Königl. Preuss. Bergfiscus und ist 4 Kilometer lang; sie dient zur Beförderung von Kohlen, hat 0,725 m Spurweite, 1:69 als stärkste Steigung, geringste Curven von 188 m Radius und ist zweigeleisig in Entfernung von 1,75 m von Mitte zu Mitte ausgeführt. *(Saarbrücker Schmalspurbahn.)*

Die Transportkosten betragen pro Tons-Kilometer 7½ bis 10 Pfg., so dass jährlich bedeutende Ersparnisse gegenüber dem früheren Pferdetransport gemacht werden.

Ein sehr interessantes Project einer derartigen Industriebahn hat der Verfasser Gelegenheit gehabt kürzlich zu bearbeiten, nämlich für die kupferschieferbauende Mansfelder Gewerkschaft* in Eisleben (Provinz Sachsen).

Der dortige Bergbau erforderte die Bewegung immer grösser werdender Massen, die Herstellung von Seilbahnen sowie die Erbauung der Bahn Berlin-Wetzlar, deren Bahnhöfe Hettstedt und Mansfeld im Revier der Gewerkschaft liegen, waren nur vorübergehend von einigem Erfolg; die alleinige, gründliche Hülfe wurde schliesslich in der Herstellung eines vollständigen Netzes von Schmalspurbahnen gesehen und im vorigen Jahre der Verfasser Seitens der *(Mansfelder Bergwerksbahn.)*

---

* Die Ausführung dieser Bahn ist inzwischen von der Mansfelder Gewerkschaft beschlossen und dem Verfasser die technische Leitung übertragen worden.

Ober-Berg- und Hütten-Direction mit der Ausarbeitung eines solchen beauftragt.

Bei dem ausserordentlich coupirten Terrain, der sehr ungünstigen Lage der einzelnen Hütten und Schächte, sowie der Bahnhöfe der Hauptbahn, Hettstedt und Mansfeld, sowie endlich bei den grossen täglich zu bewegenden Massen (täglich 2—2^{1}/$_{2}$ Millionen Kilogramm = 40—50000 Centner) dürfte diese Bahn eine der interessantesten Industriebahnen werden, welche überhaupt existiren.

Die Bahn erhält eine Spurweite von 0,75 m, stärkste Steigungen von 1:35, engste Curven von 60 m Radius und eine Länge von circa 38 Kilometer einschliesslich Anschluss und Nebengeleise; 12 einzelne Hütten und Schächte erhalten dadurch unter einander Verbindung und Verbindung mit der Hauptbahn Berlin-Wetzlar.

Die Baukosten sind zu 61000 Mark pro Kilometer, einschliesslich Grunderwerb und Betriebsmittel, veranschlagt.

Der Betrieb der Bahn wird ein sehr complicirter, da nicht nur auf der verhältnissmässig kurzen Länge von circa 38 Kilometer täglich 10 Maschinen im Dienst sein werden, sondern auch, in Folge des bergbaulichen Betriebes und der Lage der Hütten und Schächte, sehr viele Zugkreuzungen vorkommen werden; es ist deshalb ein vollständig eisenbahnmässiger Betrieb in Aussicht genommen mit kleinen Bahnhöfen, die in circa 5 Kilometer Entfernung liegen, ferner telegraphischem Signalsystem u. s. w. wie es die Sicherheit eines derartigen complicirten Betriebes verlangt.

Für den Betrieb sind Tenderlocomotiven mit einem Gewichte von 15 Tons im Dienst vorgesehen.

Trotz der sehr complicirten Verhältnisse, die auch einen verhältnissmässig hohen Betriebskostenaufwand erfordern, werden die Ersparnisse, welche durch Anlage der Bahn an Transportkosten gemacht werden, doch ganz bedeutende sein.

Bedeutend mehr wie in Deutschland, finden wir in anderen Ländern, in denen wohl ein grösseres Bedürfniss und schwierigere Terrainverhältnisse Veranlassung waren, derartige schmalspurige Industriebahnen ausgeführt und sollen einige der interessantesten hier noch kurz angeführt werden.

Eine sehr interessante derartige Industriebahn und zugleich eine der ältesten ist die Bergwerksbahn von Mondalazac,* welche der Orleans-Bahn-Gesellschaft gehört und bei der Station Salles-la-Source an diese anschliesst.

Die 7 Kilometer lange Bahn dient zum Transport von Eisenerzen, hat 1,1 m Spurweite, stärkste Steigungen 1:80, kleinster Curvenradius 40 m; die Baukosten betrugen 50,350 Francs pro Kilometer, Betriebskosten 2124 Francs pro Kilometer und Jahr.

Während der Transport ohne Bahnanlage auf 20 bis 25 Centimes pro Tonnen-Kilometer kam, kostete derselbe in den ersten 3 Jahren 1861—1864, wo die Bahn mit Pferden betrieben wurde, nur noch 7,5 Centimes und sank dann, als die Dampfkraft zur Anwendung kam, auf 4,2 Centimes.

Zum Betriebe verwandt werden 2-achsige Locomotiven von je 9 Tons (180 Centner) Gewicht und Wagen von denen jeder 3800 Kilogramm (76 Centner) ladet.

Die Kohlenbahn von Commentry nach Montluçou, ebenfalls an der Orleans-Bahn, ist ein weiteres derartiges Beispiel.

Die Bahn wurde 1844 erbaut und anfangs auch mit Pferden betrieben; erst im Jahre 1852 kam die erste Locomotive in Dienst, mit einem Gewicht von 15 Tons (300 Centner).

Die Bahn ist 17 Kilometer lang, hat 1 m Spurweite, stärkste Steigungen von 1:100 und Curven mit 90 Meter kleinstem Radius.

Die Baukosten haben, wegen des sehr schwierigen Terrains, 110 000 Francs pro Kilometer betragen.

Die Schmalspurbahnen der Zuckerfabrik von Tavaux nach Pontséricourt, welche lediglich für den Runkelrübenverkehr bestimmt sind, haben eine Länge von 14 Kilometer.

---

* v. Nördling, Stimmen über Schmalspurbahnen.

Schmalspurbahn von Tavaux nach Pontséricourt.

Sie sind deshalb sehr interessant, weil die Bahnen theilweise (circa 8 Kilometer) auf dem um 1,1 m erbreiterten Planum der Strasse liegen und bei dem sehr lebhaften Betriebe (täglich oft bis zu 40 Zügen) noch in keiner Weise Störungen vorgekommen sind, trotzdem diese Bahnen seit circa 10 Jahren im Betriebe sind.

Die Bahnen haben 1 m Spurweite, Steigungen bis 1 : 25 und Curven bis zu 30 m Radius.

Die Baukosten haben 26 334 Francs pro Kilometer betragen.

Schmalspurbahn von Cessous und Trébiaux.

Die Schmalspurbahn von Cessous und Trebiaux nach Veruarède dient nur zum Erztransport und wurde in den Jahren 1866—1868 erbaut; sie ist 5,5 Kilometer lang und liegen davon 4,2 Kilometer im Tunnel; die Bahn ist zum Theil zweigeleisig, hat 0,766 Spurweite, stärkste Steigungen bis zu 1 : 20 und beträgt der kleinste Curvenradius 25 Meter.

Ausser dem Tunnel, kommt eine Brücke vor, die 51 m hoch, 171 m lang ist und aus Eisenconstruction, die auf 5 Pfeilern ruht, besteht.

Der Kilometer hat 204 000 Francs gekostet.

Die 2-achsigen Locomotiven wiegen 8 Tons (160 Centner) im Dienst.

Transportkosten betragen 5 bis 6 Centimes per Tonnen-Kilometer.

Rostoken-Marksdorf.

Sehr interessant ist auch die schmalspurige Bergwerksbahn von Rostoken nach Marksdorf in Oesterreich,* welche zum Transport von Eisenerzen dient.

Die Bahn hat eine Spurweite von 0,75 m, eine Länge von 18,7 Kilometer, stärkste Steigungen von 1 : 40, Curven bis zu 50 m Radius.

Das sehr coupirte Terrain hat eine ausgedehnte Längenentwicklung gefordert, so dass wiederholt sogen. „Kehren" vorkommen (Schleifen) von denen eine einen ³/₄ Kreis mit 50 m Radius beschreibt.

---

* Siehe Allgemeine Bauzeitung, 1875. Artikel von P. Klunzinger.

Die Steigungsverhältnisse sind so ungünstig, dass einmal auf 12 Kilometer Länge eine Steigung von 1 : 40 und dann auf 5 Kilometer Länge eine Gegensteigung von 1 : 40 vorkommt.

Zum Betriebe werden Locomotiven von 15 Tons (300 Centner) verwandt.

Die Baukosten haben 23 650 fl. pro Kilometer excl. Grunderwerb betragen und die Transportkosten pro Centner Erz betragen 7,5 Krz., während diese letzteren Kosten früher das Doppelte betrugen.

Auch die ursprünglich für Pferdebetrieb gebauten Schmalspurbahnen von Rešica nach Szecul und Rešica nach Bogsan in Ungarn sind interessant ihrer abnormen Verhältnisse wegen. *Schmalspurbahn Rešica-Szecul und Bogsan.*

Diese Bahnen haben eine Gesammtlänge von 43,58 Kilometer, 0,95 m Spurweite, stärkste Steigungen 1 : 20, geringster Curvenradius 28,4 m und kosteten pro Kilometer 27 120 fl.

Der Betrieb wurde anfangs mit einer 2-achsigen, gekuppelten Locomotive von 11,6 Tons (232 Centner) Gewicht ausgeführt, jedoch wurden bald noch 3 ähnliche Locomotiven angeschafft.

Die Transportkosten, welche früher per Achse auf 0,18 bis 1,25 Mark sich beliefen, gingen nach Herstellung der Bahn bis auf 0,14 bis 0,80 Mark zurück.

Weitere Beispiele derartiger Industriebahnen finden sich in Heusinger's Handbuch der speciellen Eisenbahn-Technik, Bd. V, Seite 257 u. f.

IX. Financirung und Rentabilität der Schmalspurbahnen.

Die grosse Sparsamkeit, welche bei Herstellung von Schmalspurbahnen sowohl im Bau wie Betriebe, Voraussetzung ist, erfordert natürlich, dass alle unnützen Ausgaben vermieden werden.

Financirung.

Zu diesen unnützen Ausgaben gehören in erster Reihe die durch „Financirung" erwachsenden Kosten, welche unter allen Umständen vermieden werden müssen, aber auch sehr gut vermieden werden können.

Der Regel nach wird es sich um verhältnissmässig geringe Summen handeln und dort, wo es sich um grössere Summen handelt, sind entweder der Staat oder die Provinzen oder Kreise an der Sache betheiligt und diese werden stets, im Verein mit den betheiligten Gemeinden und Industriellen, in der Lage sein das erforderliche Kapital auf solider Grundlage und zu einem niedrigen Zinsfusse zu beschaffen.

Wenn man sich vergegenwärtigt, dass die meisten grösseren Städte in Deutschland, oft sogar ganze Gemeinden, grosse Summen für Herstellung von Gasanstalten, Wasserleitungen und Strassenanlagen und andere gemeinnützige Anlagen ausgegeben haben, dann sollte man doch eigentlich glauben, dass dieselben Corporationen auf dem Lande, im Verein mit den betheiligten Interessenten, auch diejenigen Summen beschaffen könnten, welche nöthig sind, um die localen Transportverhältnisse zu verbessern, denn thatsächlich sehen wir in Ländern wie z. B. Belgien mit grossartig entwickelten Verkehrsverhältnissen, auch einen grossen Wohlstand Hand in Hand gehen.

Wenn man auch das industrielle Belgien nicht mit Deutschland im Allgemeinen vergleichen kann, so lässt es sich doch z. B. mit Westfalen vergleichen: wie sind nun aber in Belgien die Transportverhältnisse und wie sind sie in Westfalen?

Der Verfasser, der in den letzten Jahren wiederholt Gelegenheit gehabt hat wegen projectirter Bahnanlagen in der Provinz Westfalen seine Meinung abzugeben, hat die Ueberzeugung gewonnen, dass gerade in jener Provinz der ganzen Industrie ein grosser Dienst geleistet werden könnte, wenn man ihr durch Herstellung von Schmalspurbahnen zu Hülfe kommen wollte, da das schwierige Terrain in Westfalen die Herstellung normalspuriger Bahnen sehr erschwert.

Die Beschaffung des erforderlichen Baucapitals durch die Gemeinden und Interessenten und mit Hülfe der Kreise, Provinzen oder Regierungen hat auch noch den Vortheil, dass dann Diejenigen, in deren Interesse die Bahnen hergestellt werden, auch die Festsetzung der Tarife zu bestimmen haben, sowie überhaupt massgebend für die ganze Verwaltung sind, während, sobald fremdes Capital zu Hülfe genommen wird, dies nicht mehr in gleicher Weise der Fall ist.

Da nun die Rentabilität derartiger Bahnen, sofern überhaupt ein Bedürfniss zu denselben thatsächlich vorhanden ist, ausser allem Zweifel steht, so haben die betreffenden Gemeinden und Interessenten den doppelten Vortheil, einmal ihre Verkehrsverhältnisse verbessert, damit den ganzen Grundbesitz u. s. w. in seinem Werthe gehoben zu haben und ausserdem für das zu dieser Verbesserung ausgegebene Kapital eine, meistens sehr gute, Verzinsung zu bekommen.

Rentabilität.

Die vielen Projecte, welche der Verfasser im Laufe der letzten Jahre theils begutachtet, theils specieller bearbeitet hat, haben eine Verzinsung von 4 - 6% ergeben und zwar unter Zugrundelegung des der Zeit vorhandenen Verkehres. — Bedenkt man nun, dass sich der Verkehr auch der ärmsten Gegenden, nach Inbetriebsetzung einer Bahn, sofort hebt (das Eisenacher Oberland mit seiner sehr armen Bevölkerung ist der schlagendste Beweis hierfür), so ist es wohl einleuchtend, dass die Anlagekosten derartiger Bahnen sich **sehr gut** verzinsen werden.

An einem Beispiele möge das Vorstehende etwas specieller erörtert werden.

Im Herbst 1879 wurde der Verfasser nach Altona in Holstein berufen, um sich über ein von Interessenten aufgestelltes Project einer Schmalspurbahn von Altona nach Kaltenkirchen auszusprechen.

Die Untersuchungen ergaben folgendes Resultat:

Da die Bahn fast ganz auf der sehr guten und breiten Chaussee von Altona nach Neumünster angelegt werden sollte, auch Bauwerke und dergleichen nicht in nennenswerther Weise vorkamen, so beliefen sich die Baukosten, unter Zugrundelegung eines Preises von 160 Mark pro 1000 Kilogramm Bessemerschienen, wie er damals motivirt war, auf circa 20 000 Mark pro Kilometer, oder bei 40 Kilometer Länge auf 800 000 Mark.

Die Betriebskosten waren, mit Rücksicht auf einen starken Personenverkehr in der Nähe Altonas, auf zusammen 101 700 Mark einschl. Reserve- und Feuerungsfonds veranschlagt.

Es betrugen also die Ausgaben:

    800 000 Mark zu 5 % . .   40 000 Mark
    Betriebskosten . . . . .   101 700 „
                                             141 700 Mark.

Die Einnahmen waren berechnet zu:

    a) aus dem Personenverkehr . 76 762 Mark
    b) „ „ Milchverkehr . . 65 298 „
    c) „ „ Güterverkehr . . 16 000 „
                                      = 158 060 Mark

das ist pro Kilometer und Jahr circa 4000 Mark, eine Summe, wie sie bei der grossen Nähe von Altona und Hamburg und mit Rücksicht darauf, dass die Bevölkerung eine sehr wohlhabende ist, als sehr mässig bezeichnet werden muss.

Bei den obigen Einnahmen waren die Tarife ausserordentlich niedrig gegriffen.

Es würde also im vorliegenden Falle, wenn man 1 1/2 % zur Amortisirung verwenden wollte, von vornherein eine 5 % Verzinsung des ganzen Baukapitales m i n d e s t e n s stattfinden.

Die Feldabahn z. B., deren gesammtes Anlagecapital circa 1 250 000 Mark betragen wird, würde sich mit 4 % schon bei einer Einnahme von circa 3200 Mark pro Jahr und Kilometer rentiren; eine Strassenbahn von 20 Kilometer Länge und 500 000 Mark Anlagekosten, würde schon bei 2500 Mark pro Jahr und Kilometer sich mit 4% rentiren.

Das ist eben von so grosser Bedeutung, dass eine Rentabilität der Schmalspurbahnen bei Einnahmen von pro Jahr und Kilometer von 2500 Mark an, in den einfachsten Fällen, und in sehr complicirten Fällen wie z. B. die Harzbahn es ist, schon bei Einnahmen von 4600 Mark überhaupt möglich ist, während an irgend eine Verzinsung normalspuriger Bahnen in den meisten derartigen Fällen auf lange Jahre hinaus gar nicht zu denken ist.

Der Verfasser weiss sehr wohl, dass es schwer ist diese Art der Financirung von Bahnunternehmungen besonders bei vorwiegend ländlicher Bevölkerung den Betheiligten klar und plausibel zu machen; die Antipathie gegen Eisenbahnunternehmungen ist in Folge der bitteren Erfahrungen der Gründerzeit eine so entschiedene, dass selbst, wenn das Bedürfniss fast unabweisbar ist, die Interessenten es doch vermeiden ihr Geld in solche Unternehmungen zu stecken und es lieber Unternehmern überlassen dies Risico zu tragen.

Sache der betheiligten Behörden, Vertrauenspersonen und sonst einflussreicher Persönlichkeiten dürfte es sein in dieser Hinsicht aufklärend und fördernd einzugreifen.

X. Volkswirthschaftliche Bedeutung der Schmalspurbahnen.

Die grosse volkswirthschaftliche Bedeutung der Schmalspurbahnen liegt, nach der Ansicht des Verfassers, darin, dass einmal dies Bahnsystem sich auch für die kleinsten Verkehrsverhältnisse mit Erfolg anwenden lässt, während eine normalspurige Sekundärbahn immer schon eine ziemlich erhebliche Verkehrsmasse voraussetzt, sofern das Baucapital nicht unrentabel da liegen soll, wie das jetzt bei einer grossen Reihe von Bahnen der Fall ist.

Sodann sind die Herstellungskosten der Schmalspurbahnen so bedeutend geringer wie die normalspuriger Sekundärbahnen, dass man mit einer gleichen Summe eine weit grössere Länge schmalspuriger, wie normalspuriger Sekundärbahnen herstellen kann.

Der Hauptwerth der Schmalspurbahnen scheint dem Verfasser aber darin zu liegen, dass sie im Stande sind die Erwerbsverhältnisse solcher Gegenden, die vom grossen Verkehr abseits liegen und die keine Aussicht haben, jemals eine „Eisenbahn" zu bekommen, zu verbessern und das ist es, was uns in Deutschland in vielen, sehr vielen Gegenden Noth thut.

Die nachfolgende Betrachtung möge dies etwas mehr veranschaulichen.

Im Eisenacher Oberlande, das die Feldabahn aufschliessen resp. für den Verkehr zugänglich machen soll, kommt in unerschöpflicher Menge ganz vorzüglicher Basalt vor, der aber werthlos war, weil der Transport bis zur nächsten Bahnstation zu kostspielig war.

Nachdem im vorigen Jahre die Schlussstrecke der Feldabahn fertig geworden, hat der Versand des Basaltes begonnen und es sind bis jetzt, also in einem Jahre, circa 40 000 Mark an Arbeitslöhnen ausgegeben, die also ganz direct den Bewohnern zu Gute kommen.

Kommt die projectirte Linie von Fladungen nach Mellrichstadt (Bayerische Rhön) zu Stande, so wird der Basalt auch nach Bayern seinen Absatz finden und es wird nicht lange dauern, dann werden hunderte von Arbeitern durch Versand des vorher nutzlos daliegenden Basaltes ihr tägliches Brod verdienen.

Wer die schwierigen Terrainverhältnisse und die ganz geringe Industrie der Rhön kennt, der muss sagen, dass eine, auch noch so einfache, normal-spurige Sekundärbahn geradezu unmöglich gewesen wäre, selbst wenn die Regierung auch von vornherein auf Verzinsung des Baucapitals Verzicht leisten wollte, während die Regierung jetzt eine, allerdings vorläufig unerhebliche, Verzinsung erhält, dafür aber ziemlich sichere Aussicht hat, später eine gute Verzinsung zu erhalten; vor allen Dingen hat aber die Regierung doch der Gegend nun die Möglichkeit gegeben sich entwickeln zu können, was allerdings unter den dort vorliegenden Verhältnissen erst nach und nach der Fall sein kann.

So oder ähnlich wie vorstehend dargelegt, liegen die Verhältnisse an sehr vielen Stellen in Deutschland und nur eine verständige Anwendung der Schmalspurbahnen ist im Stande, Abhülfe zu schaffen, während die Herstellung normalspuriger Bahnen fast unmöglich, jedenfalls in den meisten Fällen nicht zweckmässig sein dürfte.

XI. Förderung der Herstellung von Schmalspurbahnen Seitens der Regierungen.

Von den grösseren deutschen Regierungen ist es bis jetzt allein die Königlich Sächsische, welche sich für Anwendung der Schmalspurbahnen zu localen Zwecken entschieden hat.

Zuerst legte die Regierung den Ständen mittelst eines sehr ausführlichen Decretes vom 26. Januar 1876 die Gründe dar, welche sie veranlasst habe die schmale Spurweite für locale Zwecke in Vorschlag zu bringen; dasselbe geschah im October 1877 und wurden dabei zugleich einige Projecte zu Schmalspurbahnen den Ständen zur Genehmigung empfohlen, jedoch erfolgte Seitens der Stände diese Genehmigung zunächst nicht, trotzdem die Regierung sehr entschieden dafür eintrat.

Inzwischen war das Project der Feldabahn entstanden, der Weimarische Landtag hatte, nachdem auch er nahe daran war, dasselbe abzulehnen, seine Zustimmung im Frühjahr 1878 gegeben und im Sommer 1879 wurde ein Theil der Bahn bereits dem Verkehr übergeben.

Am 8. December 1879 übergab die Königlich Sächsische Regierung den Ständen wiederum ein Decret, betreffend Herstellung mehrerer Schmalspurbahnen und veranlasste der Staatsminister Freiherr von Könneritz, um die Sache gründlich zu erörtern, eine Anzahl Abgeordneter zu einer Besichtigung der Feldabahn, an welcher der Herr Minister sich auch persönlich betheiligte.

Der Erfolg war, dass nunmehr die Stände, trotzdem noch viele Bedenken vorhanden waren, ihre Zustimmung zunächst zu einigen Projecten geben, die sich auch bereits im Bau befinden.

Der Kampf, den die Sächsische Regierung gehabt hat, ist, wie aus dem Vorstehenden ersichtlich, kein ganz leichter gewesen und es mögen deshalb aus den letzten Stadien dieses Kampfes folgende Momente, die Anspruch auf allgemeines Interesse haben, hier angeführt werden.

In dem Decret vom 8. December 1879 sagt die Königlich Sächsische Regierung Folgendes:

„Die Vortheile, welche die schmale Spurweite bietet, sind zwar schon früher in den Königlichen Decreten vom 26. Januar 1876 und vom 25. October 1877 dargelegt worden; indess mögen doch in Kürze auch hier nochmals die Gründe Erwähnung finden, welche die Regierung veranlassen, für diejenigen Nebenlinien, welche nur bestimmt sind, neue Landestheile aufzuschliessen und mit dem bestehenden Bahnnetze zu verbinden, somit aber als blosse Zuführungsstrassen für die Hauptbahnen zu dienen, in der Hauptsache, und wo nicht ganz besondere Gründe ausnahmsweise für die Wahl der normalen Spurweite sprechen, die Annahme einer schmalen Spur zu beantragen."

Das heisst also die Königlich Sächsische Regierung **stellt für Localbahnen die Schmalspur als Regel und die Normalspur als Ausnahme auf.**

In der Plenarverhandlung der Königlich Sächsischen II. Kammer am 11. Februar 1880, wo natürlich noch einzelne Stimmen gegen die Schmalspur laut wurden und schliesslich einer der Abgeordneten davor warnte, etwas volkswirthschaftlich Falsches zu thun, erwiderte der Staatsminister, Freiherr von Könneritz, nach dem stenographischen Berichte:

„Meine Herren! Nochmals auf die Vortheile und Nachtheile der Schmalspurbahnen zurückzukommen, enthalte ich mich, weil ich fürchten muss, dass der Herr Präsident sagen würde, ich sei nicht bei der Sache.

„Aber die letzte Aeusserung des Herrn Vorredners kann ich nicht unerwidert lassen. Er sagte, dass, wenn die Kammer den Bau von Schmalspurbahnen genehmige, sie etwas volkswirthschaftlich Falsches beschliesse und hierdurch das Land für alle Zeiten geschädigt würde, d. h. er bezeichnet den Vorschlag der Regierung als falsch und als eine Schädigung des Landes.

„Meine Herren! Das ist seine specielle Ansicht und dieser Ansicht gegenüber stelle ich die Ansicht der Regierung, dass wir mit dem Bau von Schmalspurbahnen etwas wirthschaftlich Richtiges beschliessen.

„Wer von uns Beiden Recht hat, wird ja die Zukunft lehren."

In Sachsen, wo es nur Staatsbahnen giebt, hat es bekanntlich die Regierung für ihre Pflicht gehalten auch die Schmalspurbahnen ganz auf Staatskosten herzustellen, so dass an die Interessenten, Gemeinden u. s. w. in keiner Weise irgend welche Ansprüche gestellt werden.

In fast allen anderen deutschen Staaten, insbesondere in den grösseren, ist diese Frage kaum über eine academische Behandlung hinausgekommen, wenn auch in den letzten Jahren unverkennbar eine kleine Wendung zum Besseren eingetreten ist.

Was nun die Frage anbelangt, in welcher Weise die Regierungen den Bau derartiger Bahnen unterstützen und fördern sollen, so glaubt der Verfasser seine Meinung wie folgt abgeben zu sollen:

Die logische Consequenz des Staatsbahn-Systems wäre, dass auch der Staat den Bau dieser kleinen Bahnen, ohne jede Mithülfe der Gemeinden und Interessenten, übernähme, jedoch dürften sich, besonders in den grösseren Staaten, daraus Bedenken insofern ergeben, als sehr bald ganz gewaltige Anforderungen an den Staatssäckel gestellt werden würden.

Ob ferner diese kleinen Bahnen, die weit eher mit Landfuhrwerken, wie mit unseren „Eisenbahnen" verglichen werden können, gedeihen und ihren Zweck erfüllen würden, wenn sie in den Händen grosser, besonders staatlicher Verwaltungen sich befinden, dürfte mindestens fraglich sein. —

Auf der anderen Seite haben aber die Bewohner der nicht an Eisenbahnen gelegenen Landestheile, welche ebenso gut ihre Steuern gezahlt haben zum Bau der Staatsbahnen, wie die Bewohner der mehr im Verkehrsgebiete der Eisenbahnen liegenden Landestheile, auch ein Recht zu verlangen, dass man ihnen bei Verbesserung ihrer Verkehrsverhältnisse behülflich sei und dürfte es sehr schwierig sein zu entscheiden, ob überhaupt und in wie weit eine Staatshülfe nothwendig resp. wünschenswerth ist.

Will man in der That ernstlich daran denken, den abgelegenen und gebirgigen resp. verkehrsarmen Gegenden in ihren wirthschaftlichen Verhältnissen, die gegenüber denjenigen Gegenden, welche in den grossen Verkehrsgebieten liegen, immer misslicher werden, zu helfen, so dürfte es vollständig genügen, wenn Seitens der Regierungen eine etwas mehr fördernde und wohlwollendere Stellung zu derartigen Projecten eingenommen würde, wie bislang.

Insbesondere erleichtere man die Concessionsbedingungen, da es sich doch nicht um Anlagen handelt, welche dem Weltverkehr dienen, sondern um ganz locale, meist geringfügige Verhältnisse; wenn man auch die Concession selbst vom Ministerium aus ertheilen will, so überlasse man doch wenigstens die weiteren Details, insbesondere die technischen Fragen, den Provinzial- und Localbehörden und vergleiche nicht immer dieses Transportsystem mit den „Eisenbahnen"; dadurch, dass man dies zur Zeit thut, kommen naturgemäss auch eine ganze Reihe von Vorschriften in die Concessionen, welche gänzlich entbehrt werden können.

Dies Verfahren dürfte einerseits den Vortheil haben, dass die nothwendigen Revisionen viel rascher und glatter erledigt werden* und anderseits wird dadurch verhindert, dass auch bei diesen kleinen Bahnen jene Uniformität und jene Normalien Platz greifen, die wir bei den grossen Eisenbahnen gewohnt sind**; so vielseitig die Veranlassung zur Herstellung von Schmalspurbahnen sein kann, so verschieden muss auch deren Ausführung sein, nur keine Normalien und keine Schablonen, sondern freie Bewegung innerhalb der durch die Gesetze vorgeschriebenen Grenzen.

Insbesondere möge man diese kleinen Bahnen ganz und gar von jedweden Leistungen für Militär und Post befreien; sollen aber die Bahnen zu militärischen oder postalischen Zwecken benutzt werden, was bezüglich der Post wohl unzweifelhaft sein dürfte, so möge man hier recht coulant vorgehen und lieber etwas mehr wie weniger zahlen, denn thatsächlich spart die Postverwaltung resp. sie verdient durch Anlage einer derartigen Bahn immer.

Hier ist eine Gelegenheit geboten die Privatindustrie zu unterstützen; einerseits würde dadurch verhindert werden können, dass das deutsche Capital, wie es jetzt schon wieder der Fall ist, ins Ausland geht, es könnten ferner die Calamitäten, welche der technischen Carrière bevorstehen und unter der sie jetzt schon leidet, erheblich gemildert werden, es würde unserer gesammten Maschinen- und Eisenindustrie ein grosser Dienst geleistet werden und das Ganze würde nur segensreich wirken für viele Gegenden, die jetzt zum Theil schwer darunter leiden, dass sie

---

* Siehe Hartwich, Aphoristische Bemerkungen über die Eisenbahnen in London nebst Vorstädten (Seite 4) Berlin, 1874.
** Leider fehlt es in unseren deutschen Parlamenten fast ganz an Technikern, um die hier nur angedeuteten Zustände einmal gründlich zu beleuchten.

von den grossen Verkehrsadern fast ganz abgeschnitten sind. —

Die Regierungen würden genug thun, wenn sie derartige Projecte, wie sie zur Zeit fast in allen deutschen Staaten bearbeitet werden, thunlichst wohlwollend behandelten und im Uebrigen nur dafür Sorge trügen, dass der Schwindel und die unsoliden Operationen fern gehalten werden; dann kommt auch das Vertrauen im Publikum wieder und an Capital zu solch gesunden Unternehmungen wird es gewiss nicht fehlen.

XII. Schlussbemerkung.

Der Verfasser ist bemüht gewesen den Character sowie die Bedeutung der Schmalspurbahnen für unsere deutschen Verhältnisse klarzulegen, insbesondere nachzuweisen, dass die Schmalspurbahnen in keiner Weise weder die Interessen der Landesvertheidigung noch die allgemeinen Verkehrsinteressen schädigen können, da derartige Bahnen nur dort hergestellt werden sollen, wo die Herstellung einer normalspurigen Bahn, welche stets zunächst anzustreben sein wird, aus verschiedenen Gründen als ausgeschlossen betrachtet werden muss.

Zur besonderen Genugthuung würde es dem Verfasser gereichen, wenn die kleine Arbeit dazu beitragen sollte, hervorragende Persönlichkeiten, in unseren Parlamenten, welche sich mit derartigen Fragen beschäftigen, sowie unsere Presse, auf die Bedeutung dieser Frage aufmerksam gemacht zu haben; es würde dann zweifellos auch Seitens der Regierungen derselben mehr Beachtung wie bisher gewidmet werden, denn es ist wohl nicht zu bezweifeln, dass sich die Dampfkraft, dieser gewaltige Revolutionär unseres gesammten Culturlebens, welchen wir im industriellen Leben aller Culturvölker sowohl zu den grossartigsten, wie auch zu den allerkleinsten, fast minimalen, Kraftleistungen, verwandt sehen, dass sich die Dampfkraft mit Erfolg auch in unserem Transportwesen weit vielseitiger und besser verwerthen lässt, wie es bislang geschehen und das ist es, was uns in Deutschland Noth thut.

Verzeichniss derjenigen Literatur, welche bei der vorstehenden Arbeit benutzt ist.

Bartels, Königl. Preuss. Bau- u. Betr.-Inspector, Schmalspurbahnen in Amerika. Berlin, Ernst und Korn, 1878.

Derselbe, Betriebs-Einrichtungen der Amerikanischen Eisenbahnen. Berlin, Ernst und Korn, 1879.

Bericht der XV. Versammlung deutscher Architecten und Ingenieure am 1., 2., 3. und 4. September 1868 in Hamburg. Hamburg, Carl Reese, 1868.

Bahnordnung für Deutsche Eisenbahnen von untergeordneter Bedeutung vom 12. Juni 1878. Berlin, C. Heymann's Verlag, 1878.

Buresch, Geh. Ober-Baurath, Die schmalspurige Eisenbahn von Ocholt nach Westerstede. Zeitschrift des Hannover'schen Architecten- und Ingenieur-Vereins, 1877.

Brunner, Die richtige Praxis der Schmalspurbahnen von R. J. Fairlie, Zürich, 1873.

Chabrier, Ingenieur civil, Les chemins de fer ruraux. Paris, Berger, Levrault und Comp., 1875.

Demarteau, Am. Gedankenlese über die Wichtigkeit des Fairlie'schen Locomotiv-Systems und der schmalspurigen Eisenbahnen für Oesterreich-Ungarn. Wien, Lehmann und Wentzel, 1872.

Decret, an die Königlich Sächsischen Stände vom 25. Januar 1876.

Desgleichen an die Königlich Sächsischen Stände vom 8. December 1879.

Feldabahn, Verhandlungen des Weimar'schen Landtages, 1878.

Grundzüge, für die Gestaltung der Sekundären Eisenbahnen, herausgegeben vom Verein Deutscher Eisenbahn - Verwaltungen. Hannover, Wilh. Riemschneider, 1876.

Gutachtliche Aeusserung des Vorstandes des Vereins für Localbahnen über die Concessions-Bedingungen für Localbahnen. Berlin, Buchdruckerei-Volkszeitung, 1881.

Hartwich, Wirklicher Geheimer Oberbaurath, Aphoristische Bemerkungen über das Eisenbahnwesen u. s. w. in London. Berlin, Ernst und Korn, 1874.

Heusinger v. Waldegg, Handbuch der speciellen Eisenbahn-Technik, Bd. V. Leipzig, Wilh. Engelmann, 1878.

Hostmann, Grossh. Sächs. Baurath, Vorzüge und Nachtheile der Schmalspurbahnen. Berlin, A. Seydel, 1880.

Derselbe, Ueber Eisenbahnen „von untergeordneter Bedeutung" Berlin, Wochenschrift für Architecten und Ingenieure Nr. 18 vom 4. März 1881.

Köpcke, Geheimer Finanz-Rath, Statistisches zur Localbahnfrage, Vortrag gehalten in der 88. Hauptversammlung Sächsischer Architecten und Ingenieure.

Lutz, Ingenieur, Strassen-Eisenbahnen u. s. w. Zürich, Cäsar Schmidt, 1878.

Derselbe, Transversalbahnen u. s. w. Zürich, 1881.

v. Lazarini, Behördl. Civil-Ingenieur, Die Strassen-Vizinalbahnen mit Locomotivbetrieb. Wien, R. v. Waldheim, 1879.

Müller, Landes-Bauinspector, Betrachtungen über die Eisenbahnen mit Umladung. Magdeburg, Feodor Schmitt, 1880.

Materialien zu der Frage über die Anlage secundärer Eisenbahnen, gesammelt und bearbeitet durch Hartwich und v. Kawen. Hannover, Gebr. A. Jänecke, 1869.

v. Nördling, Hofrath, Stimmen über schmalspurige Eisenbahnen. Wien, Lehmann und Wentzel, 1871.

Schübler, Eisenbahn-Bauinspector, Ueber Eisenbahnen von localem Interesse. Stuttgart, Paul Neff, 1872.

Schwabe, Eisenbahn-Bauinspector, Ueber Anlage secundärer Eisenbahnen in Preussen. Berlin, Ernst und Korn, 1865.

Derselbe, Regierungs- und Baurath, Entwurf eines Eisenbahn-Planes für das Königreich Preussen. Berlin, Litteg - Institut, 1879.

Verhandlungen des Königlich Sächsischen Landtages v. 11. Februar 1880.

v. Weber, Hofrath, Die Praxis des Baues und Betriebes der Sekundärbahnen mit normaler und schmaler Spur. Weimar, Bernhard Voigt, 1873.

Derselbe, Die Individualisirung und Entwickelbarkeit der Eisenbahnen. Leipzig, B. J. Teubner, 1875.

Derselbe, Normalspur und Schmalspur. Wien, Pest und Leipzig, Hartlebens Verlag, 1876.

Tafel I.

Uebersichtskarte
zur
Harzbahn.

Schmalspurproject.

Maaszstab 1 : 250000

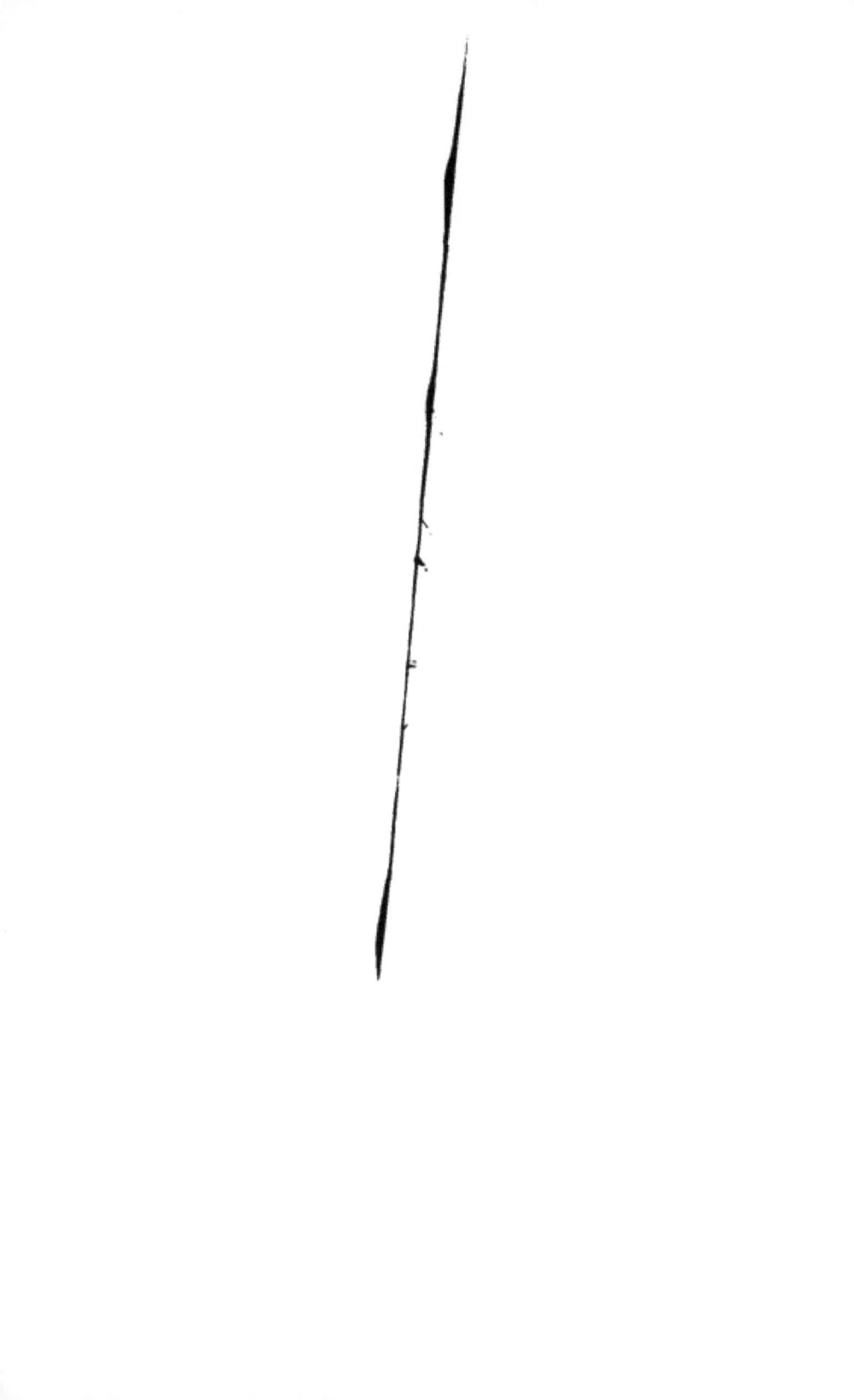

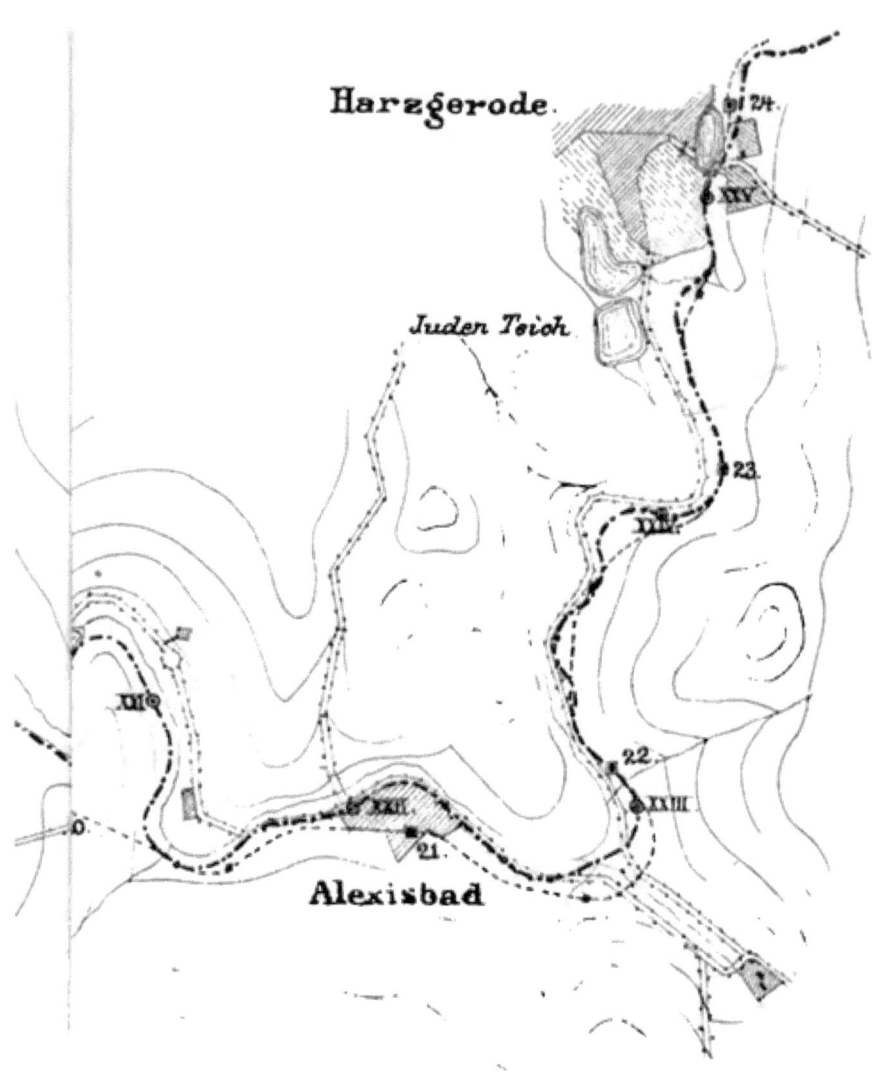

Tafel III

der n

XVII   XXIII   XXIV

Längen:

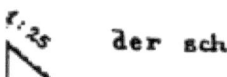 der sch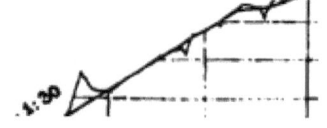

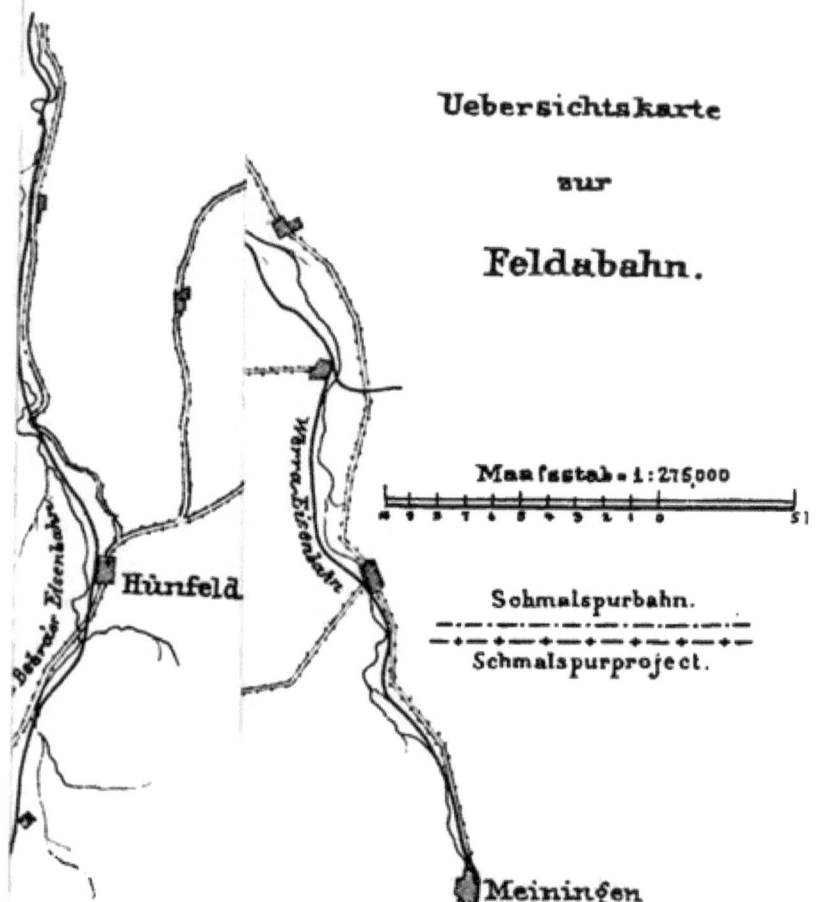

Tafel IV.

Uebersichtskarte zur Feldabahn.

Tafel V

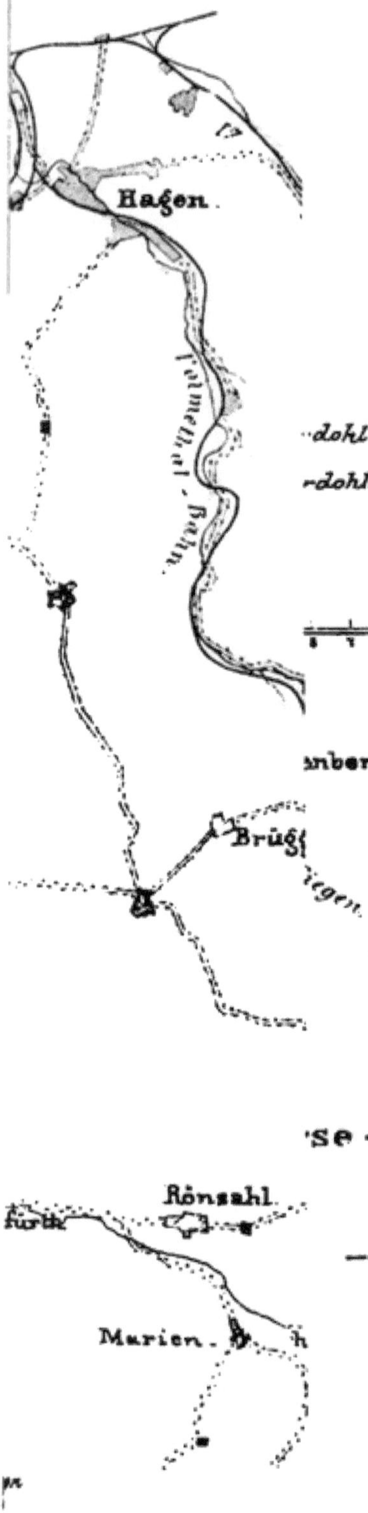

-dohl - Hagen - Brügge = 63,2 Km.

-rdohl - Lüdenscheid - Brügge = 22 Km.

Maafsstab = 1: 200,000

8 7 6 5 4 3 2 1 0 5 Km

Uebersichtskarte

zur

-se-Volme-Strafsenbahn.

Schmalspurproject.

Hermann. Schmalspurba

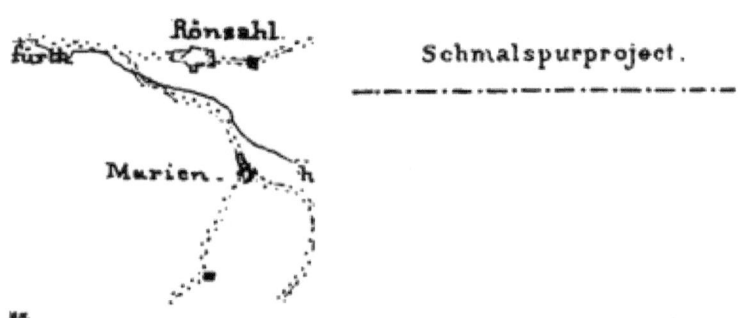

Tafel VII

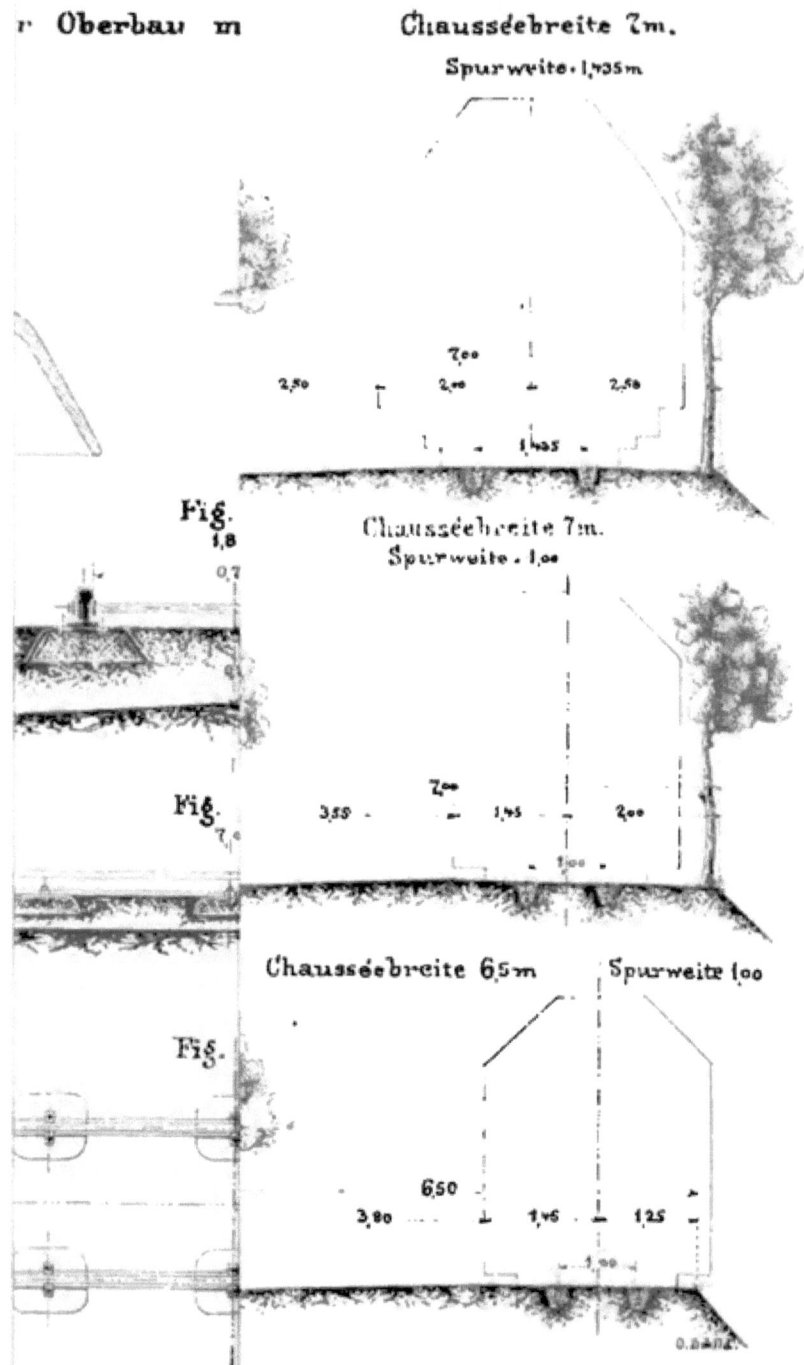